JN087786

誰よりも先に
あなたが幸せになりなさい

법륜 스님의 행복

ポムリュン　朴慶姫 訳

マガジンハウス

なぜ「幸せは自分しだい」なんだろう？

　私の講演を聴きにきてくださった皆さんに「今、幸せですか？」とうかがうと、「はい」とおっしゃる人はほとんどいません。それぞれが悩み、葛藤、不条理な社会に対する挫折やストレス、未来への不安などを抱えていらっしゃいます。

　残念ながら、人生のほとんどは自分の思いどおりにはならないようです。愛されたいと思っていたのに逆に傷つけられたり、よく面倒を見てあげた相手に裏切られたりもします。
　これは神さまが決めたことでも、前世のせいでも、偶然でもありません。ただ、その原因に自分が気づいていないだけです。

　実のところ、**多くの人が今、幸せではないと思っている理由のほとんどは「手放せないこと」が原因**です。
　たとえば、自分には見当もつかない理由で、いきなり誰かに罵倒（ばとう）されたとします。それは、その人に突然ゴミを押しつけら

れたようなもの。

　それなのに、多くの人はそのゴミを握りしめたまま、「嫌なことを言われた」「馬鹿にされた」「あの人は悪い人だ」と言い、そのゴミを一生手放しません。

　しかし、それが本当にゴミなら投げつけられたとしても受け取らないか、うっかり受け取っても「あ、汚いなあ」と言ってすぐに捨ててしまうでしょう。

　自分のネガティブな感情も同じこと。ゴミなのにまるで大切な宝物かのように、ずっと心の中に抱えていると、いくらがんばっても幸せにはなれません。

　幸せを妨げる原因はたくさんあります。

　自分の考えにとらわれ、クヨクヨしていませんか。

　あるいは、気持ちが満たされないせいであったり、なかなか直せない習慣のせいであったり、もしかすると不公正な社会のせいかもしれません。

　だとすれば、気持ちの晴れないときは自分の心と向き合い、人間関係においてはなにか解決法を見つけていきたいですね。

　もしも、社会のしくみがおかしいと思うなら、まずは与えられた条件の中でベストを尽くしてみて、それでも納得がいかないときは、改善に向けて努力してみましょう。

　変えようと一歩踏み出さずに不満を漏らすだけでは、なにも

変わらないのです。

　自分の人生の主役は他の誰でもない「自分」なのです。

**　幸せはどこかからもたらされるものではなく、自分が築いていくものだ**と考えてみてください。

　1人ひとりの存在は宇宙にとってはちっぽけですが、自分の人生は自分のものなのだと意識することで、自分を変え、世の中を変える大きな力をもつことができます。

　ささやかながらこの本で、厳しい現実の中で懸命にがんばっている皆さんを「幸せな人生」へと導くお手伝いができれば幸いです。

Contents 目次

CHAPTER 2

「後悔」と「不安」を
スーッと消す方法

CHAPTER 3

あなたのモノサシ、
私のモノサシ

CHAPTER 4

幸せをみんなの
ためにつかう

CHAPTER 5

他の誰のものでもない
「自分の人生」

CHAPTER I

「ありのままの自分」
からスタートする

バスの停留所に同じバスを待っている人が大勢いても
それぞれの考えは違います。
「なんで、まだ来ないんだよ」とイライラしている人もいれば
「朝っぱらから妻に小言を言われなければ
もっと早く出られたのに」と遅れたことを
誰かのせいにする人もいれば
「きっとバスが混んでいるだろうな」と心配する人もいます。

そんななかで余裕を楽しんでいる人もいます。
「イライラしてもバスが早く来るわけでもない」と考えて
ゆっくり待っています。
到着したバスが混雑していても
「乗れただけでよかった」と考えます。

こうした一瞬一瞬がつながって人生ができあがり
イライラや不安が原因で
大切な瞬間を楽しむことができず、後悔するかと思えば
条件がそろわないときは不安になり
条件がそろったらそろったで
それが消えてしまうことを恐れる。
そうこうしているうちに一度も満足できずに
時間だけが過ぎてしまいます。

「ここではないどこか」を求めつづけて

　誰もが「これがよい選択だ」と思いながら日々、生きる道を決めています。しかし、後になってその選択がそこまで正しいものではなかったのではないか、と気づきます。

　たとえば、幸せになるために結婚したのに結婚生活が不幸の一因になったり、子どもが欲しくて産んだのに「なんで産んだんだろう」と思うくらい、子育てで悩んだりします。

　また、お金を稼ぐために事業を立ち上げたのに儲かるどころか、借金を抱えることもあります。このように、思いもよらない結果に対して後悔し、苦しみます。そして、こんなことを考えます。

「私の人生って本当にこれでいいの？」
「自分はただ世間に流されて生きているだけでは？」

　皆さんの人生はどうですか。

　ある男性が家も捨て、財産も捨て、名誉も捨て、愛欲も捨て、悟りを得るために出家しました。それから、何年か仲間の僧侶たちと一緒に暮らすうちに「こんな集団生活を送っていたら、とてもじゃないけど悟りは開けない」と思ったそうです。

　お寺での生活にはそれぞれ役割があります。炊事や掃除の他にもやるべきことがたくさんあって、修行の時間が足りないと感じたのでしょう。
「いっそのこと、誰もいない山奥に行って修行に専念しよう」
そう決心し、村から20里、30里離れた山奥に向かいました。
　まずはテントを張って住み処を確保し、食べ物は村から分けてもらいました。

　すると、集団生活をしていたころよりも仕事が多くなりました。テントは定期的に修理しなければいけませんし、食べ物もいっぺんに運べないので、毎週長い道のりを往復しました。わらじも以前より早く傷んでしまったため編み直す必要が出てきて、みるみる修行の時間が減っていきます。

　それに加え、体調も思わしくありません。医者に行くと、栄養失調と診断され、1日に牛乳を1杯ずつ飲むようと言うのです。山奥で牛乳が手に入らないので仕方なく、毎日山から下りて村に牛乳を飲みに行きました。しかし、それも大変だったので、今度はヤギを何匹か飼うことにしました。

　ヤギの乳を飲むことで村まで行く手間は省けましたが、新たな仕事が増えました。ヤギを放し飼いにすると逃げてしまうので、首輪をつけて散歩させ、餌である草を集めて、それを食べ

させて……。

　ヤギのおかげで栄養面は解決したけれど、修行の時間がもっと減りました。このままではいけないと思い、人を雇うことにしました。

　しかし、人を雇ったらお金を払わなければなりません。それまでは托鉢で自分の食べ物だけ確保すればよかったのに、今度は雇い人の食べ物とお金まで用意しなくてはならなくなり、托鉢の時間がいっそう長くなりました。

「いっそのこと、結婚をしよう」

　雇い人と結婚したところ、賃金を払う必要もなくなり、家のことも代わりにやってくれ、男はほっとしました。これからは修行にだけ専念すればいい。そう思いました。ところが、子どもができたのです。

　こうして、悟りを開こうと家と家族を捨てて出家した男は、最終的に山奥で結婚して子をもうけ、日々の生活に追われていきましたとさ……。

　皆さんはこの修行者を、実に愚かだと思うかもしれません。しかし、多くの人の暮らしがこうなのです。そのとき、そのときは正しかったと思っても、楽なほうを選びつづけた結果、本来の目標と意味を忘れてしまう。

　人は結婚したら、その道に沿って生きるべきであり、僧侶が出家したなら、その道に従って生きるべきです。そうして人生の目標をはっきりさせることで、迷いが減ります。

　しかし、人間はみな、つらいことがあると、「いっそ俗世を離れたい」と言い、出家してからは「修行がつらい」と言い、俗世の暮らしをうらやましがります。

ときに人生の目標を忘れ、本来の目的を見失い、この話の修行者と同じような行動に出ることがあります。

　そういうときは、道が２つあります。１つは、初めに立てた目標を撤回して、もっと現実に沿った生き方をする。そうしてもなんの問題もありません。

　もう１つは目標から遠ざかったことを悟った瞬間、その場で立ち止まり、元の場所に戻る。

　よく「お金さえあれば、幸せになれる」「結婚したら幸せになれる」といわれます。しかし、お金を稼ぐことや、結婚することは幸せの条件ではありません。その次は「子どもが欲しい」となり、子どもが生まれたら「早く小学生になってほしい」と言うでしょう。

　これで終わりではありません。小学生になったらなったで「中学生に」となり、それからまた「大学生に」というふうに、次から次へ幸せが欲しくなります。

　子どもが大学に合格したら幸せになれるかと言ったら、そうではありません。「就職したら」「結婚したら」「孫が生まれたら」、その次は「孫が大きくなったら」。

　そうして幸せの条件を変えながら生きることで、本当の幸せとは何かに気づけないまま終わってしまうのです。

**　富や名誉、家族、友だちといったことは、悩みの原因でもな**

く幸せの条件でもありません。あるときはそのおかげで幸せだと思い、またあるときはそのせいで苦しいと思う。そうして、極端な状態を行ったり来たりしていては、けっして苦しみから脱け出すことはできません。

　たとえば、こんなふうに考えてみてはどうでしょう。

「住む家がある、仕事がある、素敵な人生だ」

　今、皆さんそれぞれが置かれている状況を前向きにとらえることで、人生が豊かになり、幸せになれます。それでも叶えたい目標があるなら、「もっともっと」と走り続けるのをやめましょう。「明日から」「明後日から」と後回しにせず、今、この瞬間から幸せになりましょう。

　人生に答えはありません。自分の選択に沿って生きるだけです。それでも、「どうしよう？」と悩んでしまうのは、自分が選んだことに対する責任を負いたくないと思うからです。

　人生はこれがいい、これが悪いと決められるものではありません。選択とそれに対する責任が存在するのみなのです。

　自分の選択に対して責任を負い、その結果をしっかり受け止める。そうすることで、何が起きても苦しんだりうらんだりすることはなくなります。

なぜ夢を追うことが難しいのか

　自分以外の人は夢を追いかけて、一生懸命生きているように見えるのに、自分だけ遅れをとっているように思えるときがあります。

　ある人が夢をあきらめ、仕事に就いたのですが、そんな現実がつらいと言います。

「経済的な余裕さえあれば、自分がやりたいデザインの勉強を再開したいです。でも、結婚して子どももいるので夢を追うのは難しいし……。このままあきらめるべきでしょうか?」

　多くの人は自分に見合った仕事に就くことこそが幸せだと考えます。ですが、適性とは「ある」とも言えますし、「ない」とも言えます。

　私は子どものころ科学者になるのが夢で、それが自分に合っていると思っていました。将来、僧侶になろうと考えたこともありません。しかし今、私は科学者ではなく、僧侶として生きています。私にもここまで多くの悩みと葛藤がありました。

　高校生のときに出家して以来、科学に興味があったおかげで、宗教におけるうさんくさい話をうのみにすることがありません。そのかわり、「どうすれば人々に、普遍の知恵をわかりやすく説明できるだろうか?」ということについて考え続けま

した。お釈迦さまの教えを説く際にもつじつまが合った論理を元にお話しするようにしています。

　結局、どんな仕事に就いても、そこに個人の好みが反映されるのです。
「自分は科学に向いているので、絶対に科学関係の仕事に就かなくては」
　こうした考えは固定観念にすぎないでしょう。
　ある特定の職業だけが自分には向いていると言いきることもできません。そのため、どんな職業を選んでも、どんな仕事に就いても、ベストを尽くすことによって自然と自分らしくなっていくものです。

　職業を選ぶ際のアドバイスとして「本当にやりたいことをやれ」「わくわくする仕事をしなさい」という言葉をよく耳にします。
　それは、お金や名誉、安定を求めて医者や弁護士、公務員を目指すのではなく、自分に合った職を探しましょうという意味です。
　どうしてもやりたいことがあるなら、世間の評判がいい「かっこいい職業」かどうかなんて気にせず、チャレンジしてみようという意味なのです。
　評判のいい職業が、必ずしも自分に向いているわけではない

のですから。

　だからといって、「私はどうしてやりたいことが見つからないのだろう？」「**自分にはなぜ人生を賭けてみたいと思う仕事がないのだろう？**」**と悩む必要もありません。そういう人もいれば、そうではない人もいるのです。**

　そんなこだわりは、むしろないほうがいいのかもしれません。与えられた仕事ならなんだってできる。そのほうが人生はよりいっそう自由になりますよ。

　食事をつくる、洗濯をする、人前で話をする、畑を耕す。**自分に与えられた仕事を黙々とこなす、これこそがもっとも高い境地にたどりついた人間の姿だといえます。**

「自分にはこの道しかない」と１つに縛られることなく、型にはまらない姿勢こそ、最上の自由です。

　とはいえ、ほとんどの人はなかなかその境地に達することができないため、とにかく今、できることだけをしっかりがんばるのがいいですね。

　やりたいことや好きなことが今すぐ見つからないといって、心配する必要はありません。

　また、やりたいことができないからといって、絶望する必要もありません。

たとえば、デザインの勉強がしたいのに現状では難しいといった場合は、今やっていることにデザインの仕事をとり込んでみてはどうでしょう。

　お坊さんになってもデザインの才能を活かせますよ。斬新な法衣<ruby>法衣<rt>ほう え</rt></ruby>をデザインしたり、美しい寺の庭園を造ったり、庵<ruby>庵<rt>いおり</rt></ruby>を設計する際に伝統美を活かしつつ現代的なデザインにアレンジしたり……。

　どんな職業に就くかといった問題は大して重要ではありません。置かれた状況に沿って自分の個性と強みを活かせばいいのです。

　人は理想を追うべきか、現実を見るべきかという問題について常に迷いますが、理想と現実は矛盾しているわけではありません。地にしっかり足のついた状態で、1歩ずつ進めばいいのです。

自分にやさしい人、厳しい人

　人々は自分の思いどおりにならないと、不満を感じます。それなら、自分自身には満足しているのか。それはまた違って、ほとんどの人が自分にも満足していないようです。

　他人がうらやむような条件をそろえた人であっても、自分に対して満足していないケースがよくあります。いったいなぜなのでしょうか。

　不満に思うのは、なにかが足りていないというよりも、自分に対する期待が大きすぎるから。期待に比べて、現実の自分はその条件を満たせていないから、納得できないのです。

　自分に満足できない人の心の内をのぞいてみると、心のどこかに本当の自分はもっとすごいのに、あるいは自分はいずれすごい人間になれるはず、という期待があります。

　しかし、実際の自分は理想に追いついていない。悩んだ結果、人のせいにしたり、自分の不十分さをくやしく思ったりします。

　ここに家計が苦しい家に生まれ、恵まれない環境をうらんでいるという人がいます。

「うちは裕福でもなく、生活能力のない両親をうらんでいましたが、最近仏さまをおがむようになってから両親をうらむ気持ちがだいぶ落ち着きました。それまでのことを申し訳ないと思い、反省もしました。でも、今度は両親をうらんでいた自分が情けなくて、罪悪感に悩まされています。私はどうすれば、今の自分を許すことができますか？」

「自分は親からたくさんのものを受け取ったのに、そんな親のことをうらんでばかりいた」と反省する、それだけでいい。自分を責め続ける必要はありません。

　すでに過ぎてしまったことを「自分はなんて馬鹿だったんだろう？」と責め続けるのも私たちのあるべき姿ではありません。

　自分のことを責め続けると、気持ちが落ち込み、それが悪化すると、うつを患ってしまう人もいます。

　もし、一度1つの考えにとらわれてそれしか考えられなくったら、首をぶんぶん横に振り、沼から脱け出さなくてはなりません。

　座っているときに暗い気持ちに襲われたら、すぐさま立ち上がる。立った状態でも変わらないなら、動いて空気を変える。

　お風呂に入ったり、散歩をしたり、体を動かしたり、肉体労働をしたりすると、不思議なことにネガティブな考えが侵入す

る隙がなくなります。

　多くの人は現実の自分を、「こうあるべきだ」と思うレベルまで成長させなくてはダメだ、と考えがちです。しかし、そう考えてしまうと、自分に満足するまで非常につらい思いをします。幸せとは、今の自分をそのまま受け止めることから始まります。自分はもともとこれくらいの人間なんだと認め、ただ「そんなものだよね」と肯定すればいいのです。

　転ぶこともあれば、怒ることもある。それが自分です。自分はなにもないところで転んだり、些細なことに腹を立てる人間ではないと考えるから、怒った自分を見るのがつらいのです。
　現実の自分はダメでも、すごくもありません。理想の自分像を立派に描いてしまったことで、現実の自分がちっぽけに見えるだけなのです。

「私は本来、こんな人間ではないのに」
「私はこうあるべきだ」
「私に失敗は許されない」
「私は他人をうらむような人じゃない」

　こうした自分への決めつけは、すべてニセモノです。理想の自分像が立派すぎると、現実の自分を許せなくなります。理想

の自分像と現実の自分に差がないことこそ、心がおだやかな状態。こういう人は難しい問題が立ちはだかっても、簡単にはくじけません。

「今は難しい問題だけど、これから研究して、なんとかしよう」

　今の自分を受け入れ、こつこつ努力する。それでいいのです。

　人生は考え方によって、幸福度が大きく変わります。たとえば、実際は100メートルを20秒で走るのに、「私は100メートルを13秒で走れる人間だ」と自分を過大評価してしまうと、どうなるでしょう。現実の自分は13秒で走れません。どんなにがんばっても13秒を達成できないと、「ダメ人間だ」と自分を責め始めます。

　自分に自信がないといった思いやコンプレックスは過大妄想から始まります。つまり、「本来の人生はすごいはずだ」と考えるニセモノの意識と自分へのおごりが自分を苦しめます。存

在というものはもともと特別な意味をもたないのに。

　それに対して、こう尋ねる人もいます。
「存在の意味がないなら、生きる理由なんてあるんですか？」
「存在の意味がないのに生きるのって悲しすぎませんか？」

「意味」とは人間の意識がつくり出したものです。価値がある
かないか、善か悪か、上手か下手か、極楽か地獄かといったも
のは、すべて人間の心が生み出したものです。
　蚕が自分の口から出た糸で繭をつくり、その中に自分を閉じ
込めているように、人間も何かをつくり出しては、みずからそ
れに縛られ生きています。

　たとえば、炭とダイヤモンドはもともと値段が決まっていた
ものではなく、人間が値段をつけたものです。今まさに寒さに
凍えている人にとっては、ダイヤモンドより炭のほうに価値が
あるかもしれません。

したがって、人間もダイヤモンドのように輝くことばかりに
とらわれると苦しいけれど、炭のように人を暖める存在になろ
うと思えば、誰でも生きる意味を見出（みいだ）せます。

　これは他人に対する評価も同じです。
　たとえば、私のことをよく知らない人がなんの期待もなく講
演を聴きにきて、終わってから「悪くないな」と言います。こ
れはどんな意味でしょう。
　私の力を50くらいだと見積もっていたのに、聞いてみると
100近くあったから「なかなかよかった」と言ったのです。
　誰かに「あの人の話は素晴らしいよ」と聞き、150を期待し
て来たとしたら、私はその期待に沿えません。150を期待した
人はこう言います。
「たいしたことないな。みんな、なんで騒いでいるんだろう」
　つまり、私の能力は100なのに、期待が低いと満足度が上が
り、期待が高いと満足度が下がるのです。
「あの人はいったい何なんだ？」
　もし、こう思ったとしたら、それは相手が私に対して描いて
いた像と実際に見た私が一致しないからです。

「私の彼氏なら、こうでなくちゃ」
「私の子なら、こうあるべき」

　自分が勝手に決めつけておいて、現実のパートナーと子どもの姿にがっかりする。自分自身に対する過度な期待を捨てると同時に、他人に対する期待も捨て、ありのままの姿を受け入れましょう。

　実際は私もたいしたことないし、相手もたいしたことないのです。
　相手が自分の基準に合わないからと言ってがっかりするなら、それは相手の問題ではなく、自分の問題です。つまり、自分の理想の高さのせいなのです。

　そろそろニセモノの期待から自分を解放してあげませんか。「こうでなきゃ、ああでなきゃ」と決めつけて後悔したり、責める自分は実はニセモノの意識が生み出したもの。そのことを受け止めてみてはどうでしょうか。
　ここで気をつけるべきは、自分を責めてはいけないということ。親しい相手を責めないのと同じように、自分のことも責めないでください。
　もしも、転んでしまっても、すぐに立ち上がって次は転ばないようにすればいいのですよ。

　それから、今日から「ありのままの自分」を認めて受け入れる練習をしてください。自分に優しく。そうすれば、自然と他

人のことも温かい目で見守ることができます。

　この世におけるすべての存在は足りなくも、あふれてもいません。存在はただ存在であるだけです。

　人も動物も、草も石ころも、ただそこに存在するだけです。人間も山に暮らすリスやウサギと同じく、1匹の動物にすぎません。動物のなかでも意識が少しましなだけです。

　人間だって山に暮らすリスやウサギのように生きればいい。いっそのこと鳥になって自由に暮らしたいという人もいますが、そんなに苦しむ必要はありません。

　人は皆、草やアリと同じく、小さいけれど大事な存在です。それに気づくことができれば、他人が自分のことをどう考えようと気にすることなく、平和に生きることができます。また、他人のことも気にならなくなります。

人は不幸をにぎりしめて手放さない

ある人が私にこう言いました。

「これまで寺の賽銭箱に何度もお賽銭を入れましたが、あまり効果がありません。1000円入れたら1万円返ってくるという保証さえあれば、いくらでも入れるのに」

1000円で1万円を手に入れたいと思うのは、賭け事と同じです。お金の他にも有名なお寺を訪ねて、願いごとをすることにも同じことがいえます。少しの努力で大きな見返りを求める。成績が低く、勉強をしない子をいい大学に進学させてほしいと願う。

こういった気持ちでいると、福がやってくるどころか、逆効果。少しの努力で大きな見返りを望むのは、まったくのお門違い。それは、自分の代わりに誰かを犠牲にすることになるからです。勉強のできない子がいい大学に合格してしまうと、勉強のできる他人の子が1人落ちてしまいますね？

どうやら、人は自分の力ではどうにもならないと思ったときに願いごとをするようです。そうなると、自然と願いが叶わない確率が上がります。

人生は思うとおりにいかない。それが現実です。「願えば叶う」という言葉は幻想であり、「我欲(がよく)」にすぎません。願いに執着し、嘆きながら暮らすのか、それとも厳しい現実のなかでも幸せに暮らすのか、それは選択の問題です。

　では、願いが叶わなければ、人生は苦しいものになるのでしょうか。必ずしもそうではありません。願いはすべて叶うべきだと考えるから、叶わない場合に苦しいだけです。考え方をちょっと変えて、「叶えばラッキー、叶わなくてもまあいいか」とする。それで大丈夫。

　ときに人間は失敗や挫折を経験することで大きく成長します。植物もまっすぐ伸びるだけでは、実がならないまま、ポキッと折れてしまいます。
　人間は自分の思ったとおりに、自分の望みどおりに物事が進むことこそ幸せであり、自由だと考えます。しかし、そうはならないものです。そのときの状況に恵まれ、たまたま願いが叶うこともあれば、逆の場合もあります。
　つまり、条件や状況によって幸せか不幸か決まってしまうなら、そのときの幸せは本物ではありません。

　ある村にまじめな農家の男性が暮らしていました。この男性は「明日、上の畑に農薬をまく」と決め、前日の夜に準備をし

ました。しかし、雨の日は農薬をまくことができません。そこで、眠りにつく前、仏さまに祈りました。

「仏さま、明日農薬をまこうと思うので、雨を降らせないでください」

　朝起きると、雨がしとしと降っていました。彼はがっかりしました。

「農薬をまくつもりだったのに今日にかぎって雨が降るなんて。仏さまに頼んだのに」

結局、その日は機嫌が悪くなって、酒を飲みました。酒のおかげで気分がよくなったのか、男性はこう独りごとを言いました。

「どうせ明日も雨なら、明日は下の畑に唐辛子の苗でも植えよう」

　眠りにつく前、男性は再び天に向かって祈りました。

「仏さま、明日も雨を降らせてください」

　翌日、空は晴れていました。怒った男性はこう叫びました。

「いったいどうなってるんだ！　まったく、思いどおりにならないな。俺にどうしろって言うんだ？　これじゃあ、苗が植えられないじゃないか！」

　彼はまた酒を飲んで過ごすことになりました。

　こうなると、農作業はいっこうに進まなくなります。

「子どものせいでつらい」「夫のせいでつらい」「上司のせいで

つらい」と、他人や環境のせいにしていては、人生が台無しです。

　それなら、どうすべきか。夜になったらなにも考えずに眠ったらいいのです。なにも考えずに眠りにつき、翌朝晴れていたら、上の畑に農薬をまけばいいし、雨だったら下の畑に唐辛子の苗を植えればいい。もしも大雨だったら「最近働きづめだったから、今日は酒でも飲んでゆっくりしよう」と決めて、休んでしまえばいい。

　期待とこだわりを捨てれば気が楽になる——人生とはそういうものなのです。まわりの環境は常に変化します。なのに、これはこうでなくちゃ、あれはああでなくちゃ、と決めてかかってしまうと、環境や条件によって気持ちが揺らぎ、苦しみにとらわれてしまいます。

　逆に、**物事はすべて思いどおりに進むべきだという執着を捨て、そのときの状況に合わせる**ことが大切です。

　しかし、これを実行しないまま、幸せの秘訣を教えてほしいと求められることがあります。元の願いはそのままにして、そこにまたなにかを積み上げたいと思う。あわよくば、あれもこれも叶えたいのだと。

　こんなたとえ話をしてみましょう。

　左手に火の玉を握りしめた人が、熱いと叫びました。それを見た私はこう言いました。
「熱いなら、すぐにそれを手放したらどうですか？」
　すると、火の玉を握りしめたまま、私にこう聞きました。
「どうすればいいんですか？　わからないので教えてください」
　その人は本当にわからないのでしょうか。口ではそう言っていても、本当は手放したくないのです。
　こういう場合、私は同じ言葉をくり返します。
「手放してください」
　すると、再びこう聞かれます。
「だから、その方法を教えてください」

　いくら言っても、「これだから仏教は難解で現実味がない」と返されます。手放す方法を教えてくれないのに、ただ手放せとだけくり返すと。つまり、「手放さなければならない」という現実から目を逸らし、他人になんとかしてほしいのですね。
　仕方ないので、私はこう言います。
「そしたら、右手で握ってはどうですか？」
　すると、左手に火の玉を握っていた人の表情がぱっと明るくなりました。それから「なんでもっと早く教えてくれなかったんですか！」とおっしゃいます。

皆さんはこの方法が長続きすると思いますか。おそらく、すぐに右手が熱くて耐えられないと言うでしょう。手放す方法がわからないのではなく、手放したくなくてそのまま握っているだけなのです。

　左手から右手へ、右手から左手に移しかえることは以下の2つを満足させます。まずは当面の熱さが避けられる。それから、まだ自分の手にある。しかし、これは苦しみから脱け出す根本的な解決策にはなりません。

　多くの人は手に握ったものを手放そうとせず、熱さだけをなんとかしたいと考えます。いくら手放すように言っても「その解決法は現実には無理です」と突き返され、右手に移すように言うと「実にいい方法です！」と絶賛されますが、それでは結局なにも変わりません。

　このことに気づいていても、なかなかすぐには執着を手放せないかもしれません。それでも、手放すことの大切さに気づいた人は、苦しみから徐々に解放されます。そうして、前よりもっとかしこくなれます。

やりたいことは「願を立てる」と、うまくいく

　ある日、病院に勤めているお医者さんが、ハードな仕事をやめて遠くに行きたいと言いました。
「最初は患者さんを治療することにやりがいを感じました。多くの人に認められる立派な職業ですし。収入も多いほうなので天職だと思っていましたが、今は毎日が精いっぱいで。

　仕事がおもしろいと思えなくて、全部捨てて誰も自分のことを知らない国に行きたいと思っています。でも、まだ4歳になったばかりの娘がいて悩んでいます……」

　仏教ではよく「欲を捨てよう」と言います。しかし、これを現実の苦しみから逃げることだと勘違いしている人がいます。

　では、欲を捨てることと現実逃避はどう違うのか。もっとも大きな違いは、結果が異なるという点です。

　欲を捨てれば同じ問題は起こらないけれど、現実逃避で問題は解決しません。

　たとえば、恋人との別れが悲しくて、現実の苦しみを忘れるために毎晩お酒を飲むことは問題の解決になるでしょうか。翌朝目覚めたら、もっとつらいだけです。

　しかし、「これまでそばにいてくれて、ありがとう。さよう

なら」と言って執着を捨てれば、苦しみから解放されます。

　つまり、欲を捨てれば問題が解決し、そこから逃げたら同じ問題がくり返されるということ。

　逃げることはひたすら耐えるのと同じなので、問題がどんどん悪化します。一度耐えて、二度耐えて、三度耐えたら、最後は必ず爆発します。

　そのため、問題に直面したら逃げるよりも正面から立ち向かって解決したほうがいいのです。

　人生には一般的に4通りのケースがあります。

　まず、やりたいようにできる場合。

　次にやりたいけれどできない場合。

　その次は自分もやりたくないし、やらなくてもいい場合。

　最後はやりたくないのにやらなくてはいけない場合です。

　やりたいようにできる場合は、そうすればいいのです。しかし、やりたくないのにやらなくてはいけない場合は、無理してやらなくてもいい。

　つまり、人生の半分は自分のやりたいようにできるのです。問題はやりたいのにできない、やりたくないのにやらなくてはいけない場合です。

　こういうとき、自分がやりたいようにやってしまったら不幸を招きます。したがって、その場合はぐっと我慢する必要があ

ります。

　また、どうしてもやりたくないのにやらなくてはいけない場合は、やりたくないという気持ちを捨てる必要があります。やりたいという気持ち（喝愛）と、やりたくないという気持ち（嫌悪）を捨てることを「欲を捨てる」「心を無にする」と言います。

「この競争社会で欲を捨てろだなんて、いったいどうやって生きていけと言うんですか？」あるいは、「欲を捨てたら気持ちは楽になったんですが、意欲もなくなって困っています」と言う人がいます。

　お腹が空いたらごはんを食べることを欲とは言いません。疲れたときに眠ることも欲とは言いません。同じように、寒いときに服を着て、暖かい場所を探すことを欲とは言いません。
　お腹がいっぱいなのに、もっともっとと欲張って食べる、他の人が飢えているのに食べ物を分けない、それらを欲と呼びます。

「大統領になりたい」「お金持ちになりたい」という気持ちじたいは欲ではありません。
　欲というものは、望みが大きいか小さいかの問題ではないの

です。1つの事実を前にして矛盾した態度をとること。これを「欲」と呼びます。

　たとえば、借りたお金を返すのを渋る、貯金はしないのにお金を欲しがる、勉強しないのにいい大学に行きたがる。**矛盾しているのに自分の思いどおりにしたいという気持ちを「欲」と言います。**

　人は自分の思いどおりにならないと苦しいと感じます。その苦しみの根本には欲が潜んでいます。そのため、仏教では「欲を捨て、願を立てよ」といいます。

　では、「欲をかくこと」と「願いを立てること」の違いは何でしょうか。思いどおりにならないとき苦しいと感じるなら、それは欲です。努力を3しかしていないのに、10を得ようとしたら叶うはずがないですよね。

　少しの努力で大きな結果を望むから、叶わなかったときに心が苦しくなる。目標を達成するときに、欲は役に立つのではなく、むしろ邪魔になるのです。

反対に、願を立てた人は、願いを叶えるために努力はするけれど、失敗してもがっかりしたり苦しんだりしません。ダメなら他の方法を探して、またチャレンジしようと考えるからです。

　幼い子どもが自転車に乗れるようになるには練習が必要ですよね。
　一度や二度転んだことに怒って「自転車に問題がある」と言ったり、「自分はがんばってもダメだ」と言うのは欲です。10回、20回転んでも練習を続けるべきで、一度や二度転んだくらいでできないと決めつけるのは、努力したといえません。

　反対に、自転車に乗れるようになるため、何度転んでもあきらめず、傷口に薬を塗って練習すれば、それは自転車を乗るために願を立てたことになります。自転車に乗れるようになりたくて、練習を重ねるのは欲ではありません。

　問題が起きても解決に向けて学んだり努力すること、それは「願」です。
「ああ、こういう問題があるのね。だったら今度はこうしてみよう」
　もし、努力の末にどうしてもできないと思ったら、長い間取

り組んできたことでもきっぱりやめて、新しい道を模索します。そういう人は絶望や後悔、挫折を知りません。

　つまり、「欲を捨てよ」の意味は「お金持ちになるな」「出世するな」といったものでは決してありません。

　心の底からやり遂げたいことがあったら、欲をかかずに願を立ててチャレンジしようという意味です。

　願を立てて、それを叶えるために努力すれば、人生は楽しくなりエネルギーがわいてきます。そうなれば、願いごとが叶う可能性も高くなります。

人は変われる。ただし「時差」がある

　ある日、お釈迦さまの弟子の1人がこう聞きました。
「お釈迦さま、偉いお坊さんたちによると『悪いことをたくさんしても、仏さまをお祀りし、功徳を願えば罪が消え、極楽に行ける』と言うのです。これは本当ですか？」
　すると、お釈迦さまは石を拾って池に投げ、言いました。
「もしも僧侶たちが『石よ、水面に浮け』と祈ったら、あの石は水面に浮かび上がりますか？」
　その言葉を聞いた弟子は自分の愚かさに気づきました。
　石が池に沈み、油が水面に浮くように、悪さを働けば悪いことが起き、いい行いをすればいい結果が待っているのは自然の原理です。仏教の言葉でこれを「**因果の法則**」と言います。

　ときどき、この世の中は因果の法則がちゃんと働いているのかと疑わしく思うこともありますよね？
　自分はがんばって生きているのに悪いことばかり起き、本当に悪さを働いた人は幸せに暮らしているじゃないですか、と。

　しかし、よく考えてみると、因果の法則は理にかなっていることがわかります。
　たとえば、子育てが大変だという気持ちのあまり、子どもに

つらく当たる人がいます。そのときは自分の行動が子にどう影響するか、考えもしません。しかし、一般的に子どもの問題は15年後くらいに起きるといわれています。それは、親にとって青天の霹靂（へきれき）でしょう。

　因果応報はすぐさま現れるものではなく、10日後になることも、10年後になることもあります。あるときは自分の代に起こらず、下の代になって返ってくることもあります。

　このように、因果には時差があります。これは自然の法則と同じこと。1年でもっとも日が短いのは、冬至（とうじ）である12月21日ごろです。冬至がもっとも寒い日のはずなのに、もっとも寒い日は冬至から約1カ月後となる1月末か2月頭です。また、1年でもっとも日が長い夏至（げし）は6月21日ごろですが、実際にもっとも暑い日は7月末か8月頭です。
「なぜ夏至が一番暑くないのだろう？」「なぜ冬至が一番寒くないのだろう？」と疑問に感じる方もいるかもしれませんが、それは地球が熱くなったり冷めたりするのに、時間がかかるからです。

　たとえば、今日から毎日お寺にお参りをするからといって、さっそく今日からいいことが起きるのかといったら、そうではないでしょう。むしろ悪いことが起きる場合もあります。それ

は、お参りのせいではなく、過去の結果がやってきたからです。

　これに気づかないと、今日もお参りをしたのに悪いことが起きた、「なんだ、意味がないのか」と思ってやめてしまいます。

　まさに冬至以降、日が長くなったことに対し「寒さはもう終わった」と喜んでいたのに、また寒くなったことに「なんだ、春はまだ来ないのか」とがっかりするのと同じです。

　仏さまにお願いをしたからといって、すぐにいいことが起きると思うのは「欲」です。すべての期待を捨て、100日続けて自分を変える努力をすれば、少しずつ自分というものが見えてきます。

「自分はちょっと頑固なんだな」

「自分はすぐにイライラしてしまうんだな」

「自分はすぐにあきらめてしまうんだな」

「自分は小言が多いタイプなんだな」

「自分は意外と物事の分別がつく人間なんだ」

　こうして1000日くらい経つと、他人もその変化に気づき「最近、変わったね」と声をかけられます。

　このように、心に願を立てた日は「冬至」、100日経って自分の本質に気づいた日は「立春」、1000日経つとつぼみが開花する「春たけなわ」のようだと感じます。春たけなわを迎えると、周囲の人から「あれっ、なんだか変わったね」と言われま

す。

　努力は最低３年経つまでは、続けましょう。自分では変わったと思っても他の人はそれに気づくのに時間がかかります。

　もしも、なにか過ちを犯してしまってその場で即座に損害が出たら、誰も失敗なんかしません。過ちを犯してもその結果がすぐにやってこないときは、悪いことをしてもいいのだと勘違いしがちです。

　一方、いい行いをしても、すぐにその効果が現れないので長続きしません。こうして、人間は過ちをよく犯し、いい行いを続けることが難しいのです。

　新しいことを始める際には「恩返しをする」という気持ちで始めましょう。

　ピンチの際も「これまでどこかで人に助けられてきたのかも」「自分は今、恩返しをしているんだ」と考えれば、１歩前に進めます。

　こうした姿勢でいい行いを重ねつつ、その結果には期待しない。すると、後に少しの努力でもすぐに結果が出るようになりますよ。それは単に運がいいのではなく、努力が実を結んだ結果なのです。

CHAPTER 2

「後悔」と「不安」を
スーッと消す方法

「感情」とはいつ、どうやって生まれるのでしょうか。
見て、聞いて、においをかぎ、味をみて
触れて、考える対象に出会ったとき
火花が散るように瞬間的に生まれます。

そのときに感じたことは大まかに
「快い気持ち（好き）」「不快な気持ち（嫌い）」
「そのどちらでもない気持ち」
の３つに分かれます。
この３つの気持ちによって
「なにかやってみたい」というポジティブな希望と
「なにもしたくない」というネガティブな考えが生まれます。

ところで、同じ状況でも
人によって感じ方が異なる場合もあります。
たとえば、みそ汁のにおいにそそられる人がいる反面
それを不快に思う人もいます。

また、子どものときから教会に通っている人は
お寺に行くことに抵抗があるかもしれません。
それは慣れない環境に対して
不快な感情が呼び起こされるからです。

反対に子どものころからお寺に通っている人は
教会でお祈りを捧げることを変だと思うかもしれません。
これは教会やお寺に問題があるわけではありません。
単に習慣が異なるだけなのです。

秋の収穫が終わった冬の大地は見渡すかぎり
なにもないように見えますが
春がやってくると、新たな芽が出ます。
芽が出たということは、なにもないように見えた場所に
実際には種があったということです。

人間の感情も同じです。
目には見えないけれど、それぞれのタイミングや
刺激によって反応します。
心と体に宿っている感情の種が
色、におい、音などいった外部の刺激によって
反応するのです。

「好き・嫌い」という錯覚

　人間はさまざまな感覚器官（仏教では「六根」といい、眼、耳、鼻、舌、身、意〈心〉を指します）を通じてものごとに触れ、その瞬間にうれしい、悲しい、怖い、さみしいといった感情を抱きます。

　好きでどうしようもないときはうれしくて天にも昇るようで、嫌でどうしようもないときはまるで地獄にいるかのような気分になります。

　このような感情はどのようにして生まれるのでしょうか。

　たとえば、道を歩いているとき、倒れている人を発見したとしましょう。いくら知らない人だといっても、その瞬間パニックになります。そして、とても不安にもなります。それが暴漢に襲われるなど、理不尽な理由で起こったことであったら、同時に怒りもわいてくるでしょう。

　外部の刺激によって呼び起こされた感情は、それが絶対的な真実だと思えます。

　でも、はたして「快・不快」「好き・嫌い」といった感情には客観的な実態があるのでしょうか。

　花を見て気分がよくなったときのことを思い浮かべてみてく

ださい。1本のバラを見て、「きれい」という感情が生まれ、気分がよくなります。こうしたいい感情にはなんの副作用もありません。それは花に対して、自分を好きになってほしいという気持ちがないからです。ただ「本当にきれい」と思っただけなのです。

　一方で、誰かを好きになったときに心がざわつくのは、相手のことを「素敵だな」と思う以上に、相手が自分のことを好きかどうかが気になるからです。
「あの人も私のことが好きだろうか」
「どうすれば、私のことを好きになってくれるのだろうか」
　こう考えてしまうあまり、頭のなかが混乱し、ドキドキするのです。つまり、誰かを好きになり胸が苦しくなるのは、相手が自分のことを好きじゃなかったらどうしよう……という不安のせいです。

　しかし、自分がどれだけ好きでも、相手が自分を好きになってくれるわけではありません。**自分が好きだから相手も好きになってくれるだろうと思うのは単なる錯覚**です。自分の気持ちと相手の気持ちはまったく別物なのですから。
　今後、好きな人を前にしたときドキドキしたら、「ああ、自分は本当にこの人のことが好きなんだな」と考えるよりも、むしろ「ああ、今の自分は相手に好きになってほしいと思ってい

るんだ」と受け止めるべきでしょう。

　職場に嫌いな人がいて、それが顔に出てしまい困っているという人がいました。
「私は好き嫌いがはっきりしていて、それを個性だと思ってこれまで生きてきました。しかし、職場で感情を正直に出したところ、なんだかそれでだいぶ損をしている気がして……今からでもこんな性格を直したほうがいいでしょうか？」

　人間なら誰しも好き嫌いがあって当然です。それを表に出さないことが必ずしも立派だというわけではありません。自分の気持ちに正直に生きてもなんの問題もありません。
　ただ1つ、**好き嫌いを優先することで自分が振り回されてしまうと、自分がつらくなるだけ**です。

　好き嫌いの感情はいったいどこからやってくるのでしょうか。それは、自分の本質、つまり自分自身から生まれます。
　たとえば、みそ汁のにおいに食欲をそそられる一方で、カレーのにおいは苦手だという場合。
　ここには、幼いころから慣れ親しんだものに対する親近感、あるいはまったく経験したことのないものに対する拒否感が存在します。自分が好きな「あの味、あのにおい」が誰にとってもいいもの、または悪いものとはかぎりません。

　だけど、それに気づかず、自分ではなく他に原因があると考えがちです。つまり、みそ汁のにおいはいいもので、カレーのにおいはダメなものだと決めつけてしまうのです。

　本当は同じ色なのに、違うレンズのメガネで見ているから自分の目には他の色にうつっているだけです。そういった意味で、**好き嫌いの始まりは自分自身**なのです。

　それに気づけば、好き嫌いはあまり意味のない問題だということがわかります。さらに、ある一定の感情が生まれても、その感情にとらわれなくなります。

　自分と考え方が違う人に出会ったとき、無理にその人と仲よくする必要もなければ、避ける必要もありません。また、相手を変えようとせず、ありのままを受け入れればいいのです。

　人間は自分自身の本質にしたがって生きています。そのため、自分にはとても受け入れられないことなのに、あんがい他人は気にしていないということもありますね。

「自分の性格だって直せないのに、他人の性格なんてとてもじゃないけど変えられないよね!」

　こう思えば、他人を認め理解できるようになります。そうすれば、自分とは合わない人とも一緒に仕事をしたり、暮らしたりできると思いませんか。

これまで好きだったら一緒にいるべきだ、嫌いだったら別れるしかないという考えにとらわれていたあまり、常に不満を感じていたのかもしれません。

　たとえば、ごはんとキムチが好きだったら、どんどん食べればいい。好きなものを我慢するのがいいことではありません。反対に、嫌いだったら食べなければいい。
　しかし、外国で長い間暮らすことになったのに、そこではキムチもお米も手に入らないと想像してみてください。好きなものがないからといってごはんを食べなくなったら、健康を損なってしまいます。
　また、好きだからといって食べすぎて胃を痛めてしまったら、自分だけが損です。**気は進まないけれど食べなくてはならないときもあれば、好きだけど我慢する必要があるときもあります。**

　人間は気に入ったらかならず手に入れたいと思い、反対に嫌いになったら捨てなきゃいけないと考えますが、好きなのに手に入らない、嫌いなのに捨てられないときもある。
　そんなときは好き嫌いの感情から、できるだけ離れるようにしましょう。そうすることで、少しずつ人生は自由になります。

私の中の導火線

　感情のなかでも、怒りはストレスと後悔というダメージを残します。カッとなると、自分の感情をコントロールできなかったと後悔したり、相手を傷つけてしまったという罪悪感におそわれます。

　しかし、あまりいい結果が出ないとわかっているのに、どうして怒りを抑えることができないのでしょうか。

　まず、腹が立った理由について考えてみると、心のどこかに「自分は正しい」といった思いがありませんか。

　正しい立場の自分からすると、正しくない他人が気に入らなくて腹が立つのです。

「あのときは、どうしてカッとなってしまったんだろう」
「あんなつもりじゃなかった」
「つい怒ってしまった」

　これはどういう意味でしょう。

　感情とは無意識からやってくる習慣化された反応です。

　しかし、この事実をすぐには受け止められない場合はこんな言葉が返ってきます。

「自分だって怒りたくて怒ったわけではない。あのときはああするしかなかったんだ」

　よく考えみると、「ああするしかなかった」という基準じたいが非常に主観的なのです。こうなった理由は、それぞれ育ってきた環境や、その中でつちかわれた経験、またその過程でつくられた価値観や考え方によるでしょう。どんなに客観的で正しいように見えても、実際には「自分の考え」「自分の好み」「自分の基準」にすぎません。

　したがって、腹が立つということは誰のせいでもなく、自分は正しくて相手が間違っているという自己判断によるものなのです。

　すべてにおいて正しいか間違っているかを決めたがる習慣が自分の心のなかの導火線に火をつけるのです。

　もしかしたらそんなに怒ることでもないのに「自分の基準に合わないから」という理由で……。

　正しいか間違っているか。この価値観がはっきりしている人ほど、よく怒ります。正義感が強い人ほどカッとなりやすく、「まあ、こうでもいいし、ああでもいいし」といった人は相対的にあまり腹を立てません。

　主観的なモノサシを手放せば、自分が正しいと思う根拠も、相手が間違っていると非難する理由もなくなります。

　だからといって、相手がすべて正しい、合っていると思う必要もありません。子どもがゲーム依存症だったり、夫がアルコール依存症なのに、それが正しいとはいえませんね。

　ただ、そうなってしまった原因がなにかしらあるはずですし、その原因の裏には以前から続いてきた習慣があるということを理解しましょう。

　自分の価値観と基準に合わせて、正しいか間違っているかを判断して感情を爆発させる前に、相手をありのままに認めてみるのです。

　たとえば、家に帰ったら子どもが宿題もそっちのけでゲームに夢中になっていたとします。あなたが帰ってきたことにも気づきません。あなたはイラっとして、子どもを叱りました。でも、叱った後になんだか言いすぎたかなと、後悔します。

　翌日、仕事から戻るとまた子どもがゲームをしています。次はどうしますか。前日のことを踏まえて、なんとか怒りを抑えて子どもに注意します。

このとき、ひとこと言うかどうかの葛藤は、子どものことを思ってではありません。なにも言わないわけにもいかないし、だからといってなにか言って気まずくなるのは嫌だ……。
　このように「自分にとって何が一番か」を考えているのです。
　子どもはただゲームをしていただけ、楽しく遊んでいただけですが、それを目にした自分の考え、基準で判断した結果、腹が立つのです。

　一般的に怒りは抑えるのがいいとされています。しかし、怒るのもそれを我慢するのも、どっちもどっちでしょう。両方、自分の考えによるものです。単に感情を表に出すか、出さないかの違いだけ。

「言いたいことはあるけど、今回は黙っておこう」
　もしも、こうやって怒るのをやめたとしたら、ストレスになるので、あまりいい方法とはいえません。我慢することで問題が解決されるわけでもなく、我慢には限界があるのでいつか爆発します。

　一方で、社会のルールを守らないことに腹を立てるのは正当なことではないか、とある人が言いました。

「信号を守らない車を見ると腹が立ちますし、ウィンカーを出

さずに突然割り込みをする車は、追いかけてきっちり注意すべきでは？　ルール違反はきちんと成敗しないと、世の中がちゃんと回らないと思います」

　こうしたルール違反に対する怒りは、個人的なものではない、正当なものだということですね。

　しかし、先に考えなくてはならないことがあります。割り込みをした相手が怒りの提供者でしょうか、それとも自分の心のなかに怒りが宿ったのでしょうか。ちょっと難しいですか。

　もう少し簡単な例をあげますね。丘の上から見えた月が悲しみの提供者でしょうか、それとも月を見て悲しくなったのでしょうか。

　答えは、月を見た人が勝手に悲しくなったのです。反対に、月を見て喜びを感じる人もいます。これは月が人々に喜びと悲しみを与えたからではなく、月を見た人の心から感情がわき起こったからです。

　これを先ほどの問題に置き換えてみましょう。車の運転中、突然、他の車が割り込んできたことに腹が立ったのですか、それとも、割り込みをした人があなたを怒らせたのでしょうか。

　月から人間に変えただけなのに、混乱してしまいますよね。同じ状況に対して、みんな同じように腹を立てるのかどうか

について考えてみれば、答えが出ます。

　腹を立てる人もいれば、そうではない人もいますね。また、怒りを自分のなかで終わらせる人もいれば、カッとなってあおり運転をしたり、ひどい場合は暴力といった極端な行動で怒りをあらわにする人もいます。

　つまり、たとえ運転のルール違反であっても絶対的な状況ではないということ。

　自分のなかに腹が立つ原因があり、その感情を自分がどう処理するかによって、結果が変わってくるのです。

　この世にはいろんな人がいて、さまざまなことが起きます。しかし、自分とぴったり合う人間だけに出会えるわけでもありません。

　したがって、本当に苦しさから脱け出したいのなら、自分の基準を相手に押しつけるより、自分が抱えている感情の正体を見抜き、そこから自由になる必要があります。

怒りでも我慢でもない「第 3 の道」

　一般的に腹が立ったとき、人間の行動は 2 つに分かれます。つまり、怒るか、我慢するか。しかし、2 つの選択肢しかないかといったら、そうでもありません。どちらでもない第 3 の道が存在します。

　怒りをコントロールする方法を教えてほしいという人がいました。
「私は腹が立っても、我慢するタイプです。なにか言うのは大げさな気がしますし、だからといってなにも言わないのも癪（しゃく）です。こういうときは、勢いにまかせて怒ったほうがいいですか？　それとも、今みたいに我慢したほうがいいでしょうか？」
　腹が立ったからといっていちいち怒っていたら、相手も怒らせ、怒りが拡散するので、この方法はもっとも避けたいところですね。反対に、我慢することでトラブルは避けられますが、我慢しすぎるとストレスで病気になってしまうこともあるので考えものです。
　我慢ばかりすると、病気の予兆として肩が凝（こ）ったり、さらに悪化すると目がチカチカしたり頭痛に悩まされます。

　こういった場合、メンタルクリニックなどでは怒りを発散させることを勧められることもあるようですが、　これはあくまでも応急措置であり、根本的な解決策とはいえません。沸騰したお湯があふれないように、冷水を少し足すのと同じです。すぐに効果が現れても、長続きはしません。

　一般的に怒りを我慢できる人は立派だといわれています。しかし、自分の幸せを考えれば、怒りを我慢するのは解決策になりません。

　ある日、1人の僧侶が自分の信者を奪ったとお釈迦さまに文句を言いにきました。お釈迦さまはなにも言わずに黙って聞いていたので、僧侶は「自分の勝ちだ！」と大声で叫びました。しばらくして、お釈迦さまは僧侶にこう言いました。

「愚かな者は相手を批判することで自分が勝ったと言う。しかし、本当の勝利とは、本当の我慢とは何かを知っている者のために存在する。

　怒っている人に対して怒り返すのは愚かなこと。相手の感情に巻き込まれることで相手に負け、自分の怒りをおさえられなかったことで自分にも負ける。つまり、二重に負けたことになるのだ」

　僧侶の言うことをお釈迦さまが黙って聞いていたのは、僧侶

の話が正しかったからではありません。僧侶が生きてきた背景や今置かれた状況を考えて、そういう考え方もあるんだと受け止めただけです。

相手の立場を理解し認めたことで、相手に対して憐(あわ)れみの感情が生まれたのです。

第3者は「あそこまで言われて、よく我慢できたね」と思うかもしれません。しかし、実のところ、お釈迦さまは我慢したのではなく、相手を理解し、認めたため、動揺することがなかっただけでした。

自分のなかにある怒りの根本的な原因を探ってみると、「腹も立たない」という境地にいたることができます。「相手のせいで腹が立つ」と思ったら、「本当にそうなのかな？」と自分自身に問いかけてみましょう。

「子どものしたことに、どうして腹が立つのだろう？」
「彼／彼女のせいで苦しいと感じる原因は何なのか？」
「上司の行動にストレスを感じるのはなぜ？」

こうして自分の根っこにある感情を見つめてみましょう。じっくり考えてみたら、実はそれほど怒ることではないかもしれません。

腹が立つのは子どものせいでも、パートナーのせいでも、上司のせいでもなく、自分が原因かもしれません。**自分の意見**

に、好みに、考えにこだわっているから、イライラしたり苦しくなるのです。

　自分の感情と深く向き合った結果、怒る理由なんてなにもないことに気づきます。そうすれば、どんなことにも腹が立たない境地にいたることができます。

　人はみな、自分の感情を絶対的なものだと思いがちですが、実際、感情とはこれまでの習慣によってつくられたものにすぎません。

　つまり、**今の自分は習慣によってつくられたもの**なのです。今、腹が立つのは過去に自分がまいた種が育ったものであり、継続して腹を立てることは、未来に再び怒りの種をまくことにつながります。

これで「感情の火花」が一瞬で消える

　もちろん、こういうことに毎回気づけるわけではありません。むしろ、気づけないことのほうが多いでしょう。しかし、日常的に怒りを我慢するかわりに、カッとなった瞬間を見つめ直す努力をするだけで、いつしか怒りがスーッと消えていくようになります。

　日に10回怒っていたのが9回に減り、9回から7回になったら、それで成功です。以前は怒りの感情にとらわれ、それが1時間近く続いていたとしたら、「ああ、自分は引きずりすぎているな」と自覚することで、10分で怒りをおさえることができるようになるでしょう。

　たとえ習慣的にイライラしても、呼吸を整えて「ああ、また始まった！」「また自分が正しいと思い込んでいるなあ」と思えるようになれば、感情に振り回されずにすみます。
　怒りの火花が起こっても、そこに燃えるものがなければ、火花は散っておしまいです。怒りの感情もそれと同じ。
　そうなったら、腹を立てることがぐんと減りますよ。

　　ムカッときたときにまず「相手のせいだ！」と決めつけず、

「自分の気持ちをもう一度見つめ直そう」と思うことができた
ら、怒る回数が減り、怒ってもそれを徐々に引きずらなくなり
ます。

　相手に腹が立ったときはすぐに感情を表に出さず、まずは沈
黙してみること。心が落ち着いたところで、パートナーや子ど
も、両親、友だち、同僚など──相手が怒っている前でニコッ
と笑ってみてはどうでしょう。
　おそらく、最初はうまくいかないでしょう。つくり笑いだけ
で、心の底から笑えないと思います。それでも笑って、次も笑
って……。何度もチャレンジしてみてください。

　相手の感情に振り回されない練習を積めば、いつしか相手が
どうであれ、そこから自由になれた自分を発見できるでしょ
う。

本当にかしこい人の考え方

　不当なことを言われたり濡れ衣を着せられたのに、その場ではなにも言い返せず、後でこう思ったことってありませんか。
「あのとき、ああ言えばよかった」

　このように、なにも言い返せなくて悔しい思いをしたという人がいました。
「少し前に、職場の同僚とケンカになりました。怒っている同僚を見て、頭が真っ白になり、なにも言えなくなりました。でも、後になって『あのとき、こう言い返せばよかった』と思って、今も後悔しています。どうすれば、その場で言い返すことができますか？」

　まず、誰かになにか言われたとき、とっさに言い返せるようになるためには、状況に振り回されないことが大切です。
　瞬間的な感情にとらわれなければ、相手のペースに巻き込まれなくなります。「この人は今、相当気分が悪いんだろうな」と思えば、相手が怒っていても少し理解することができます。むしろ、相手に対して同情の念すらわいてきます。
　一緒になって怒るのは、相手と同レベルです。

　また別の方法は、相手に言い返したいという考えじたいを捨てること。言い返したいと思うのは、「相手に勝ちたい」と思うからです。

　理不尽な相手を言い負かしたい、つまり相手をぎゃふんと言わせたいのに、勝てないからくやしいと思うのです。

「どうすれば、相手をぎゃふんと言わせられますか？」

　相談に来た方は、本当はこう聞きたかったのだと思います。

　そういうときは**勝ちたいという考えを捨て、勝つことにこだわらないことがもっとも自由になれる方法**。勝つ方法を探すのは、相手を傷つけることにつながります。

　自分が傷ついた場合は自分で解決できますが、相手を傷つけてしまった場合は自分が反省したからといって、それが帳消しになるわけではありません。

　たとえば、交際相手に振られてショックを受けた人がいます。

「こんな思いをするなら、振られる前にこっちから振っておけばよかった」と思う人もいるかもしれませんね。

　でも、先に振って相手を傷つけてしまったら、後で自分が間違っていたと思っても、どうにかする方法がなくなります。

　振られてしまったら、そのときは悲しくてプライドが傷つく

かもしれませんが、その場合は自分の傷だけ癒やせばいい。相手の傷を気にする必要はありませんね。

したがって、**本当にかしこい人は相手を傷つけるよりも、いっそのこと自分が傷つくほうがいいということを知っています**。そのほうがダメージをより速く回復できるからです。

憎しみの心をもたないからこそ、どこに行っても誰にでも自由に会えるのです。他方で、人を憎むことは自分で自分の首をしめることと同じです。

まずは相手に勝とうとする気持ち、相手に言い返したいという考えじたいを捨てましょう。

「それは馬鹿みたいに見えませんか」

いっそのこと、馬鹿に見えたほうが楽ですよ。かしこくないのにかしこいふりをするほうが愚かだと思います。

それに、かしこいふりをするのも疲れます。先に「ああ、すみません」と言ってしまったほうが楽なのです。そうすれば、相手をやりこめるために、ストレスをためることもなくなります。

言葉で勝つことにこだわらないこと。また、言葉で負けてもくやしいと思わないこと。**勝とうとするから、負ける**のです。

この考えさえなくせば、負けしらずです。

今すぐ「悲しい映画」を終わらせる

　ときには家族や親しい知人に傷つけられることがあります。しかし、傷つくべきことではないのに傷として記憶していたり、過ぎたことなのに忘れられず、苦しんではいませんか。

　たとえば、両親に傷つけられたという場合。
「兄は大学に行かせてもらったけど、自分は行かせてもらえなかった」「ケンカになったら、いつも自分だけが怒られた」というように、過去の記憶を忘れられません。
　皆さんから話を聞くと、自分が人を傷つけたと思っている人はあまりいないのに、自分は人から傷つけられたという人は非常に多いことがわかります。

　子どものときに母親が自分を捨てて家を出ていったことがいまだにトラウマになっているという人がいました。何年か前に母親と再会したけれど、時間が経った今でも許すことができないと涙を浮かべるのです。

「母はすでに70を過ぎていますが、私は母のことをいまだに許すことができません。そんな自分が情けなくて、母との関係をなんとかしたいと思うのですが、どうすればいいかわかりませ

ん」

　このとき、涙が出てくるのはお母さんに捨てられたからでは
ありません。母親に捨てられたという事実を使って、自分を過
去に縛りつけているのです。

　主に苦しみとは、過去に対する記憶によるものがほとんどで
す。昔、誰かに傷つけられたこと、きつく当たられたことが忘
れられない。

　昔のことを思い出すとき、人間の脳はそれが実際に目の前で
くり広げられているような錯覚におちいります。
　そのため、楽しかった記憶を思い浮かべると自然と笑顔にな
りますが、悲しかったりつらかったことを思い浮かべると涙が
出たり、胸が苦しくなったりします。

　しかし、**過去は自分の頭のなかに存在するだけで、今この瞬
間には実際に存在しません**。それなのに、いつも過去のことを
思い出すのは、録画しておいた悲しい映画を、好んでくり返し
観ているのと一緒です。

　皆さんのまわりにも昔の話ばかりする人っていませんか。そ
ういう人の特徴は50歳を過ぎているのに、10歳のときの話を何

度もしますね。

　結局、すべての傷はその記憶を忘れないかぎり、心のなかに存在し続けます。苦しいと感じるのは誰かに傷つけられたからではありません。

　気にすべきではないことに傷ついて、その傷を心にしまいこみ、ときどき取り出しているからです。

　そろそろ過去を引きずるのをやめませんか。今の悲しみが過去の記憶によるものだという事実に気がつくことができたら、トラウマから脱け出す方法はとても簡単です。

　また、自分で選択することもできます。その方法とは、**頭のなかで昔の映画を回して悲しみ続けることをやめ、今すぐ視線を前に向ける**ことです。

　たとえ、母親に捨てられたとしても、お母さんにもなにか事情があったのかもしれません。子どものときは傷つき、お母さんのことをうらめしく思っていたとしても仕方がありません。

　しかし、自分も大人になった今、子どもを置いていくしかなかったお母さんの気持ちを想像してみてください。そうすれば、少しは楽になれるかもしれません。

「お母さん、なにはともあれ産んでくれてありがとう」
「おかげで今ここにいます」

うらむ気持ちを手放し、産んでくれたことに感謝したら、暗かった気持ちが少しだけ晴れますよ。また、愛されなかったから捨てられたんだろうか、という被害者意識から脱け出すこともできます。

　この世に自分のことをいじめた人、苦しめた人、不安にした人なんてもういないのです。みずからを過去の記憶に縛りつけ、心の奥にしまいこんだことで起きた問題です。それに気づくことで、過去の苦しみを乗り越えることができます。

　人はみな、幸せになれます。幼いころ、どんなにつらい目に遭っても、すべては過去のこと。
　この瞬間生きていること、呼吸をしている今この瞬間を大切にする。今に集中すれば、苦しみは消えてなくなります。

後悔とは「過去への執着」

「あのとき、あんな失敗さえしなければ」
「あのとき、ああしていれば」

　このように、すでに起きてしまったことを後悔してる人を見かけたら、自分の失敗を反省しているように見えるかもしれません。しかし、これらの言葉には「私は今、幸せではないの」という意味が含まれています。
　後悔するのは過去に犯した失敗に対する反省もありますが、自分の失敗を許せない気持ちが大きいからでしょう。

　実家のお母さんを傷つけるようなことを言ってしまい、後悔しているという女性がいました。
「母は田舎で独り暮らしをしています。子どもたちが自分の気持ちをわかってくれない、子どもなんか育ててもなんの得もないとよく愚痴られます。母には申し訳ないなと思う一方で、なにか言われるたびに『また始まった』と思ってしまうのも事実です。
　数日前にも似たようなことがあったのですが、カッとなって言い返してしまって……。それから一度も電話していません。今はそれを後悔しています」

多くの人が両親との関係について悩んでいます。しかし、歳を重ねることでいつしか、親の気持ちが少し理解できるようになります。

　大人になって子どもを育てる立場になって初めて「ああ、お父さん、お母さんも大変だったんだな」と気づきます。

　また、歳をとってあちこち体の調子が悪くなったり、パートナーに先立たれて独りになったとき、そこで初めて母親のさみしさが理解できるようになります。

　今はお母さんの気持ちが理解できなくても、その立場に立ってさみしさをなぐさめてあげられれば、自分が歳をとったときに同じことに悩まされません。つまり、さみしさを感じなくてすむのです。

　そのため、**お母さんのためだと思わずに、自分が歳をとったときに起きる問題と前もって向き合うという気持ち**で、お母さんに接してみてください。

　お母さんからしたら「これまで苦労して育てたんだから、老後は幸せなはずだ」と思っていたのに、いざ子どもたちが巣立つと、全員自分のことで忙しくて実際に会えるのはせいぜい年に1回くらいです。

　こんなはずじゃなかった。お母さんはさみしいからあなたに

愚痴を言うのです。この問題を解決する方法は思ったよりも簡単です。

「お母さん、私たち兄妹を育てるのは大変だったよね。なかなか会いに行けなくてごめんね」
　先にこう言ってしまえば、お母さんになにを言われても反発心が起きなくなります。
　それでも、お母さんになにか言われたら「そうだね、子どもなんか育ててもなんの得もないね」と相づちを打てば、お母さんだけでなく、将来の自分もなぐさめていることになります。

　反対に「また始まった、いつも同じことばかり。お母さんだけが大変じゃないのよ」という考えが浮かんだら、お母さんに腹が立ち、自分もつらくなります。それでケンカになり、電話で話したくもなくなるのです。それでも結局はこんな自分が親不孝なのだろうかと、涙が出ますよね。

　疎遠になっている間にお母さんが亡くなりでもしたら、そのときは自分を責めて何年も後悔しつづけることになるでしょう。
　こうした過ちをくり返さないためにも、これまでは１週間に１回だけ電話をかけていたなら今後は２回に増やし、以前は年に２回会いに行っていたなら今後は季節ごとに帰省し、以前は

月に1回行っていたならこれからは2週間に1回にすればいい
のです。

　お母さんの苦しみはお母さんだけのものではありません。お
母さんが亡くなったら、それが自分の問題になります。
「生きているうちに、もっと親孝行しておけばよかった」
　こうした後悔が積み重なって、やがて自分の苦しみに変わり
ます。親孝行は結局、自分のためにもなるのです。

　**過ぎたことを後悔し、自分自身を責め続けないでください。
後悔することはすなわち、過ちを犯した自分自身をうらみ、き
ちんと対処できなかった自分を憎むことと同じです。後悔は自
分をいじめる行為だといえます。**

「自分は失敗が許されない正しい人間なのに、そんな自分が失
敗を犯してしまった」という事実を許すことができないので
す。
　他人のことを許せないのが「憎しみ」なら、自分のことが許
せないのが「後悔」。
「自分みたいに立派な人間が、なんてバカなことをしてしまっ
たんだろう？」と考える。これが後悔の正体です。
　そんなときは、自分はそれほど完璧な人間でもないよねと認
め、受け入れてしまいましょう。

　後悔は新たな執着を生みます。心の底から反省したなら、「ああ、あのときの自分はバカだったな」と思って、次からは同じ失敗をくり返さなければ大丈夫なのですよ。

　転んだらそのままの状態で泣いてばかりいないで、すぐに立ち上がって「もう転ばないようにしよう」と誓う。これを「懺(ざん)悔(げ)」といいます。

　懺悔の「懺」は過去を悔い改めること、「悔」は同じ失敗を二度とくり返さないと誓うことを意味します。

　人はみな、たいしたことありません。失敗もすれば、過ちも犯す。これが人間です。過去を後悔したり自分を責めるかわりに、前に進んでいきましょう。

明日のことは、明日考える

　人間は過ぎてしまった過去をなかなか忘れられずにいるだけ
でなく、まだやってきていない未来のことを心配しがちです。
未来なんてまだ訪れてもいないのに、

「試験に落ちたら、どうしよう」
「病気になったら、どうしよう」
「子どもたちが巣立ったら、どうすればいいのか」
　こうした心配が一時も頭を離れません。

　ある30代半ばの女性が将来のことで悩んでいると言います。
「フリーランスとして働いているんですが、ときどき老後が心
配で不安になります。ただ単に収入が不安定だからというより
も、未来に対するちゃんとした計画や目標がないからだと思い
ます。

　若いころはなにか目標があり、それに向かってひたすらがんばるだけでよかったのに……。そんなとき、ふと『私はなんのために、こんなにがんばっているんだろう』と思って、会社をやめました。フリーになった今は気持ちが楽になりましたが、なんの目標もなくこうしていてもいいのか、不安になります」

　この方は気持ちが楽になったと言っているのに、どうして不安なのでしょう。前みたいに忙しく暮らしたいなら、そうすればいい。ただ、それは問題があると思ってやめたのなら、これからは気楽に生きればいいのです。

「なんの目標もなしに生きてもいいのか」と不安を感じているのは、これまで目標に向かって走り続けてきた慣性、つまり習慣がまだ抜け切れていないためです。
　自分はお酒もタバコもやめたのに、友だちがお酒を飲み、タバコを吸っている姿を見て「どうして自分だけが損をしているんだろう」と思うなら、それはまだ前の習慣が残っているから

です。

　お酒やタバコをたしなまない人にとってはいくらそれがいいものであっても、なんの意味ももちません。同じように、いくらお金を稼いで地位が上がっても、それが自分の幸せでないなら、不安になる必要はまったくありません。

　自然界に目を向けてみましょう。地球が太陽のまわりを回るのはなにか目標があってのことですか。何億年もの長い間何が楽しくて、何の目的でそうしているのか。
　地球に暮らす生物はどうでしょう。植物は芽が出てから、花を咲かせてやがて枯れます。そこになにか目的がありますか。ウサギやリスは何の目的があって走り回っているのですか。

　人間も同じです。草が生えるように、ウサギが生まれるように、人間も生まれてから自然に還るまでただひたすら生きるだけです。なにも考えずに生きていても、人間の尊厳が落ちることも自然の秩序を乱すわけでもありません。人生の目標がないからといって、不安になる必要はありません。

「人生には目標が必要だ」という人もいますが、実はそう考えるから人生がつらくなるのです。**人生に多くの意味を見出そうとするから、焦ったり不安になったりしてしまう**のです。

　なにかに縛られるのが嫌、誰かの下で働くのが嫌、誰にも干渉されたくない。そう思ったから、フリーランスの道を選んだのですよね。

　それはつまり、眠たくなったら寝て、どこかへ行きたくなったら行って、なにか書きたくなったら書いて、自由に暮らしたいという意味です。

　やりたいことがないのではなく、やりたいことが多すぎるのです。

　先述の女性はなんでも自分の思うとおりにしたいのです。この世にこれほど大きな欲はありません。

　自分の思うとおりに生きたいと思って会社をやめたのに、どうしてそれが不安なのでしょう。それは「今こうしていたら、未来はどうなってしまうのだろう」という心配のせいです。未来に対する執着が今を不安にしているのです。

　このように不安とは9割以上が、未来に対する自分の考えからやってきます。**未来に対する焦りや不安から脱け出すためには、明日のことは明日考えるという姿勢が必要**です。

　このように私が言うと、決まってこんな質問が返ってきます。

「どうやって今だけを生きるんですか？　明日のことも考えて、明後日のことも考えて、1年後、10年後のことも考えるべきじゃないですか？」

もちろん、未来のことに備えるのもいいですが、それにとらわれすぎると、焦りと不安だらけになってしまいます。

　また、不安は健康にも大きな影響を与えます。体の不調を感じた40代の女性がなにか大きな病気にかかったのではないかと不安で夜も眠れないと言いました。
「甲状腺にポリープができて、精密検査の結果待ちなんです。不安でいても立ってもいられません。どうすれば不安を消せますか？」

　体に異常を感じた際、できることはいたって簡単です。まず、病院で診てもらうこと。すでに精密検査を受けたなら結果を待つこと。
　もし、陽性の腫瘍が見つかったら「ありがとうございます、悪性の腫瘍じゃなくてよかった」と安心できますね。
　万が一、悪性の腫瘍だったとしても、方法を見つけて治療すればいい。１年後に発覚していたら、今よりも治療が難しかったかもしれません。また、治療は医師に任せればいいのです。
　万が一、手術が原因で死んでしまったらどうしようと心配する人もいるかもしれません。それはそのときになってみないとわかりません。心配したからといって、手術がうまくいくわけでも、失敗に終わるわけでもありません。

　不安から脱け出す方法は２つです。１つは手術がうまくいくと信じること。

　もう１つは健康に対する執着を捨てるきっかけにすること。「まだまだ生きられると思っていたけど、そうでもなかった！これはもう仕方のないことみたい」

　こう思えば、残りの人生を少しでも軽やかに、幸せに過ごせます。

　未来を前もってクヨクヨ考えず、今起こっていることに集中しましょう。それから、結果はどうであれ、すべてうまくいくと思いましょう。そうすれば、不安な心が少しずつ落ち着いていきますよ。

　今この瞬間を大切にすること。人は過去を思うあまり、未来を心配するあまり、今をないがしろにします。

　幸せとは降ってわいたように現れるものではありません。今この瞬間に集中しベストを尽くす。その積み重ねが幸せな未来を築くのです。

「劣等感」と「優越感」の原因

　人はみな、他人より自分のほうが優れていると判断したら優越感を抱き、他人よりも劣っていると感じたら劣等感を抱きます。絶対的な基準なんてないのに、他人と比べたがる——これは自分自身の心の問題だといえます。

　子どものころ、友だちにいじめられ、外見に対してコンプレックスをもっているという人がいました。
「普通の人より顔が少し大きいんです。そのせいでいじめられて、ずっと悩んできました。性格も消極的なので友だちも少ないし、常に自分の外見に自信がなくて……。どうすればいいでしょうか？」
　私はこう尋ねました。

「ここにある瓶は大きいですか？　それとも小さいですか？」
「小さいです」
「机と比較したら、瓶の大きさはどうですか？」
「小さいです」
「瓶と腕時計だったら、どちらが大きいですか？」
「瓶です」
「最後に、瓶だけを見てください。大きいですか？　小さいで

すか？」
「普通じゃないですか？」
「……」

　一般的に物の大きさを判断する際、他のものと大きさを比較することで、あるときは小さく、またあるときは大きいと感じます。また、人によってそれぞれ感じ方が違います。
　そのため、大きいだの小さいだの、新しいだの古いだの、かっこいいだのブサイクだの、若いだの年寄りだの、長いだの短いだのといったことは、客観的なようで、実はそれぞれの認識の違いによって影響を受けます。
　顔の大きさも比較する人によって認識に違いが出るため、どこからが大きくて、どこからが小さいのか、決まっているわけではありません。
　したがって、子どものときに言われた「お前の顔って、のっぺりしていて大きいな」といった言葉は、ただの思い込みにすぎないのです。

　アリの巣に集まっているアリの大群を見ると、すべてのアリが一緒に見えます。しかし、1匹ずつ捕まえて重さをはかってみると、重さはそれぞれ異なります。顔や目の大きさだってそれぞれ違うはずですね。
　それなら、そのなかでかっこいいアリとブサイクなアリはど

れでしょうか。

　顕微鏡で観察してみれば、それぞれ違う顔をしているのがわかるかもしれませんが、ブサイクだからという理由でコンプレックスを抱いているアリはおそらくいないはずです。

　劣等感や優越感は、どちらも基準が「他人」なのです。**自分の人生は自分のものだという意識をもたないまま、他人と比較することで起きる心理的な現象**です。そのため、劣等感や優越感の根本は一緒だといえます。

　人気の芸能人にお会いすると、美男美女ほど見た目に対するコンプレックスが非常に大きいことに驚きます。それは、自分に対する過大評価と幻想、高い期待によるものです。

「他はいい線いっているのに、目が問題」
「他は大丈夫なのに、鼻がちょっと……」
「唇はきれいなのに、歯がガタガタ」

　このように、外見に対するコンプレックスが一般の人に比べて多いのです。

　つまり、劣等感とはある一定の基準に満たないという問題ではなく、みずからの期待に満たないことからくる苦しみなのです。

　この世には劣った存在も、優れた存在もありません。人間という存在は、ただそれぞれ異なるもの。たとえば、道行く人から20人を選んで、それぞれの個性すべてに対して点数をつけると仮定してみましょう。

　背や体重、目や口の大きさ、腕や指の長さ、他にもかけっこの速さ、走り幅跳びの距離、料理のうまさなど……。

　でも、1000個ほど質問をして点数をつけた後、平均を出してみたらすべて似たり寄ったりな点数になるでしょうね。それぞれ得意なことは違っても、平均を出してみると、そんなに変わらないのです。

　しかし、どんな時代も、人はある一定の条件だけを比べたがります。昔、朝鮮時代の高級官僚はいかに文章を上手に書けるかでランクが決まりました。

　また、現代は歌やダンスが上手だと評価が高くなりますね。

　100年前に生まれていたらボール投げがいくら上手でもなんの意味もなかったかもしれませんが、今は野球選手として活躍できれば高い年俸を得ることができます。このように、能力というものも時代によって、何が基準になるかによって評価が異なるのです。

　劣等感が無駄なものだとわかれば、そこから脱け出すことができます。障害は劣っているのではなく不便なだけです。もし

も片腕がなくても、義手を使うことができますね。

　与えられた状況を前向きにとらえることが、劣等感と優越感から解放される秘訣です。

　たとえ結婚していなくても、他人と比べて自分を卑下する必要はありません。それでも、結婚している人のことをうらやましく思うなら、自分の人生に満足できていない証しです。

　私は出家した身ですから結婚していませんが、パートナーがいたら今みたいに自由に講演活動をできなかったと思います。1人だから、できることもたくさんあるのです。

　今後は「自分はあれもできないし、これもできない。いったい何なの？」と感じ、劣等感におそわれたら、「自分はこんなこともできる」と考えてみましょう。

　自分がすでにもっている長所を前向きにとらえれば、いろんなことがうまくいき、自信が生まれます。

追いかけても、つかめないもの

　人間の体は、古い細胞が消滅し、新しい細胞が生まれ、一瞬たりとも休むことがありません。見た目は変わらないように見えても、実際には消滅と生成をくり返しながら、絶え間なく変化しています。

　このような体の変化を仏教の世界では「生老病死」と呼びます。

　心も同じです。なにか思うことがあっても、いつの間にか消えてなくなっています。これを「生住異滅」と呼びます。

　人間はよく相手の気持ちが変わらないことを望みますが、実際には不可能です。「死ぬまで愛し合おう」と誓っても、一定の時間が過ぎたらその気持ちは変化します。

　これこそ心がもつ特徴です。これを理解しないでいると、後々苦しくなりますよ。

　心は常に変わり、気持ちは消滅します。「これが心だ」と堂々といえる実体はどこにもありません。それなのに、瞬間的に起こるうれしい、悲しい、怖い、さみしいといった感情に執着し、心配したり、不安になったりします。

　交際相手が結婚後に心変わりするのでは、と不安を訴える人

がいました。

「これまではつき合っている相手が心変わりしてもそれを悪いとは思いませんでした。でも、結婚適齢期になると、だんだん怖くなって……。

結婚後に心変わりしても、相手を変えるわけにもいかないですし、なんとかつなぎ止める方法はないのでしょうか?

こう考え始めてからは相手の重荷になってしまったのか、恋愛がうまくいかなくなりました。心変わりしない方法、変わってしまったとしても元に戻す方法はありますか?」

残念ながら、ありません。もともと心とはそういうものなのです。好きだったけど嫌いになり、運命の相手だと思っていたのに天敵になる。常に行ったり来たりするのが心というものです。正しいか間違っているかではなく、心とはそういうものなのです。

トイレに入ったときとトイレから出てきたときの気持ちが違うように、お金を借りたときと返すときの気持ちも違います。また、結婚しようと言ったときと結婚した後の気持ちも違います。

結婚した後も、一度くらいは「つき合いたい」と思う相手に出会うかもしれません。結婚したらそういう気持ちが起きなく

なるのではなく、起きたとしても行動に移さないだけです。

やりたいように生きたときの代償の大きさ、自制しなかったときの損失を知っているから、行動に移さないだけです。

恋愛は嫌いになったら別れればいいのですから、心がおもむくままに行動しても問題が大きくなりません。

しかし、結婚した後に心のおもむくままに行動してしまったら、少々問題が生じます。そのため、好き嫌いの感情を重視するより、感情を超えた境地に向かうべきです。

結婚したからといって、いつも変わらぬ気持ちでいること、常にいい気分でいることは望めませんが、誘惑があってもそれに振り回されず、長い目で人生全体を見つめる必要があります。

「感情とは本来、移り変わるものだ」

このことがわかっていれば、感情に振り回されたり、大きなダメージを受けずにすみます。

幸せになるためには、心変わりしないことに気をつけるのではなく、心変わりすることを知っていても、その変化にとらわれないこと。

このことを知っていれば、いくら好きでもあまり浮かれずに、嫌いでもあまり落ち込まずに、人生が穏やかになります

よ。

　誰かをずっと好きでいることは、いくら強要してもできることではありません。

　自分にできることは、心変わりすることもあるという事実を受け入れ、それでも相手と一緒にいるかどうかを決めることです。

　心というつかみどころのないものを、あまり信じすぎないようにすることが大切。**変わるものを変わらないと思い込んでしまうと、苦しくなる**のです。

　気持ちのしくみを理解していれば、相手を直してみせると努力したり、直らないからといって相手を憎む気持ちから脱け出すことができます。

運命すらも動かすために

　松の木が絶壁の岩で生き延びるためには、松の性質もさることながら、まわりの環境も重要です。

　人間も同じこと。現在の習慣と行動は、はるか昔からまわりの環境との相互作用によってつくられたものです。

　そのため、習慣というものは簡単に変わらないという特徴をもっています。一種の「慣性」ですね。

　それを無理に変えようとするから、うまくいかないのです。

　うまくいかないと「自分のせいだ」と思い、自分を責めがちですし、また、簡単に変わらない他人の性格にイライラしたり、腹を立てたりします。

　たとえば、禁煙しようとしたとき、意識的に「やめよう」と思っても、無意識のなかでは「やめたくない」と思っていたら、意識と無意識の間で葛藤が起きます。頭ではやめたいと思っていても、心がそれに追いつかないのです。

　心は無意識によるものであり、意志は意識によるもの。

　意識が無意識をコントロールしようとしても、そのほとんどが失敗します。それで「3日坊主」といわれているのです。

　人間の言葉と行動というものは、思考や意志よりも無意識に強い影響を受けているからです。

　たとえば、テスト期間中に勉強をしなくてはならないと思っていても、眠気におそわれますよね。勉強しなければいけないという意志より、疲れたから寝たいという本能（＝無意識）が強く作用するのです。

　テスト期間中の子どもが明け方の３時に起こしてくれと家族に頼んだ後、アラームもセットして寝たとしましょう。
　時間になって、家族が起こし、アラームが鳴っても、子どもは一瞬起きただけですぐにまた寝てしまいました。それから、朝になって家族にどうして起こしてくれなかったと文句を言います。
　これとは反対に、遠足や修学旅行に行くとなったら、誰かが起こさなくても自分で早起きするという話もよく聞きませんか。

　まさにこれが意識と無意識の差です。
　早く起きて勉強しようと誓うのは、意識の力によるものです。眠っている間は意識が働かないので、これを忘れてしまいます。しかし、眠っていても期待で胸がいっぱいで普段よりも早く起きてしまうのは、無意識が反応した結果です。

無意識は意識的なものを受け入れないので、自分が本当に好きなことや心の底から共感することにしか反応しません。

　どんなに固く決心しても無意識が受け入れなければ、長続きしませんし、いくら決心したとしても、無意識が変わらないと行動に変化は起こりません。
　自分の短所を何度も直そうとしてもなかなか変われないのは、意志が無意識にまで届いていないためです。

　無意識を変えるのは、とても難しいことですが、やってできないわけではありません。意志が強ければ、絶対に変わらないと思っていたことも変わっていきます。
　ただし、<u>人間の本質はそう簡単には変わらないということを覚えておきましょう</u>。
　かなりの試行錯誤が必要ですし、とてつもなく時間がかかるかもしれません。
　生きるか死ぬかというほどのショックがあれば、瞬時に変化することもあるかもしれませんが、そんなことはめったにありませんから。

　運命を左右する習慣を変えるには、努力と強い意志が必要です。しかし、たいていの人はコツコツやらず、だからといって意志を強くもつこともしません。

　少し努力してから「なんでここまでしなくちゃならないの？無理してやる必要はないよね」とあきらめてしまいます。

　時間はかかるけれど、必ず変わることができるという可能性を信じ、少しずつ積み重ねましょう。

CHAPTER 3

あなたのモノサシ、

私のモノサシ

誰かと初めて会ったとき。
「相手と自分は違う」という前提で
接するでしょう。
警戒し、相手の気持ちを探ります。
慎重に会話を進めるうちに共通点を発見したら
「自分と考えが一緒」「地元が同じ」「苗字が一緒」
といったことですぐに打ち解けます。
そのあとは友だちになったり、恋人になったり
同僚になったりしますね。

そうしていったん仲よくなると「互いに違う」
という前提が「私たちは一緒」に変わります。
一見、強い絆で結ばれているようにも感じられますが
実際にはここから葛藤が始まります。

自分と同じだと思っていたのに、実はそうではなかった……。
ある日ふと、性格や価値観、食べ物の好みも
違うことに気がつきます。
だからといって相手が心変わりしたわけではありません。

ただ自分が相手の一部を見て
自分と相性がいいと判断していただけのことです。

それなのに、まるで相手の態度が変わってしまった──
あるいは相手がなにか悪いことでもしたかのように思うと
問題が起こってきます。

8万4000個の悩み

　人生にはたくさんの人との出会いと別れがあります。好きな人との出会いはなんの問題もありません。また、嫌いな人との別れも同様です。

　しかし、好きな人との別れや嫌いな人との出会いといった場合は、話が変わってきます。

　仏教では人生の苦しみを「8万4千の煩悩」と言い、人間の煩悩は数えきれないほど多いという意味をもちます。これを「百八煩悩」や「八苦」と呼んだりもするのですが、ここに「愛別離苦」や「怨憎会苦」が含まれます。

「愛別離苦」は愛する人との別れに関する苦しみを、「怨憎会苦」は嫌いな人と出会ってしまう苦しみを意味します。

　愛しているのに別れなければならない状況、そして、嫌いな人と過ごさなければならない状況のことですね。

　パートナーのことが気に入らなくてもすぐに別れることができない、夫のことは好きだけれど義母との同居は苦しい。給料がいい会社で働いているのに、どうしても嫌いな上司や同僚がいる。やめられたら楽なのに、結婚も職場もさまざまな事情で

やめられない。だから、みんな苦しむのです。

　ならば縁を切ってしまえば解決するのでは？　気に入らない
人がいたら、会わないようにしたり、離婚したり、家を出たり
すればいいのでは？
　しかし、そうしたからといって前よりもっとさみしくなった
り、苦しくなったりします。苦しみは関係を築いても、関係を
断ち切っても、また姿を現します。

　私の元にはどうしたら恋ができるのか、どうしたら結婚でき
るのか、子どもはどう育てればいいのか、親の面倒をどう見れ
ばいいか、職場の人間関係はどうすればいいのかといった悩み
を抱えた方々が訪ねていらっしゃいます。
　一見、違った質問に見えて、よく聞いてみるとすべて人間関
係によるものです。
　人間関係における葛藤はすべて、お互いの違いからスタート
します。

　ここで一度人間の見た目について考えてみてください。人間
の見た目は全員同じですか？　それとも、違いますか？　似て
いる点もあれば、違う点もありますね。
　しかし、人間は親しい関係であるほど、同じことを思い、同
じ気持ちでいてほしいと思います。そのせいで、相手の気持ち

が自分と違う場合にさみしく感じたり、自分に合わせてくれないと相手をうらむのです。

　さて、大豆を100粒ほど手に取ってよく観察してみてください。よく見てみると、大きさやツヤ、形が少しずつ違うでしょう。

　今度は大豆と小豆を比べてみましょう。大豆と小豆は見た目の違いがはっきりしていますね。ここでよく大豆を見てみると、形や大きさ、ツヤも違うのに、小豆が横にあるとすべて同じ豆のように見えます。

　共通点もあれば違いもある。この矛盾した性質が同居しています。違っても共通点があったり、共通点があってもそのなかで違いがあります。

　こうした存在の本質的な側面を「**同じでも、違ってもいない（不一不異）**」といいます。**同じものを見てもそこに違いを見出したり、あるいはまったく同じだと思ったりするのは、人間が「勝手に認識しているから」**です。人間が認識しなければ、存在はただの存在です。

　人間関係において互いに考えが違うことから問題が起きてしまった場合、この問題を解決する方法は2つあります。

　1つ目は互いの違いを認めること。そうすることで、「私はこう思っているけれど、あなたは考えが違うのね！」と言うこ

とができます。これは「自分は正しくて、相手が間違っている」という意味でも、「相手が正しくて、自分は間違っている」という意味でもありません。ただ、お互いに違うことを認めるだけのことです。

こうして、お互いに認め合うことを「尊重する」と言います。

「尊重」とは、正しいか間違っているかを問わず、ありのままを認めることを指します。

2つ目は相手のことを理解すること。
「あの人の立場では、そういうふうに考えるかもしれないな」と理解することです。
「子どもの立場からしたら○○なのね」「夫の立場だったらそう思うのか」「妻にとってはこうなるのか」「日本人だったらそう考えるのかもしれない」「もしかしたら北朝鮮の人はこう思うかも」と思うことです。

自分とは違う立場の相手を理解すること。これこそ、すべての人間関係においてもっとも基本的な姿勢です。

私にとって「いい人、悪い人」

　誰もがどうせなら、いい人とご縁が欲しいと思いますよね。でも、いい人というのはどういう人なのでしょうか？　いい人、悪い人はどう見分けるのでしょうか？

　ある大学生が、こう尋ねてこられました。
「大学生になってからいろんな人に出会う機会が増えました。これからいい人と出会うにはどうすればいいですか？」
　私はこう聞きました。
「あなた自身はいい人ですか？」
「はい、悪くないと思っています」
「人は誰もが自分のことをいい人間だと思っています。そうしたら、誰が本当にいい人なのか見分けるためには、あなた自身はどうしたらいいとお考えですか？」
「相手の悪い点を探せばいいんじゃないでしょうか？」
「悪い点とはどんな点でしょうか。ある人が30年以上、教会に通っていたのですが、ある日突然、お寺に通いだしたとしましょう。この場合、教会に通っていた人々はこの人のことをどう思うでしょうか？」
「よくは思わないと思います」
「反対に、お寺に通っている人はどう思うでしょうか？」

「感心すると思います」

「お寺のよさにやっと気づいたとおっしゃる方もいるのではないでしょうか？　この場合、この人をいい、悪いで区別することができますか？　もしも、彼氏ができたのに性格があまり合わなくて別れたとしましょう。彼氏は一生１人でしょうか？それとも、別の誰かとまた出会えるでしょうか？」

「出会えると思います」

「私も別れたら、他の誰かとまた出会うと思います。反対に、自分が振られた立場だったしても、また他の方に出会えますよね？　この場合、悪い人は誰で、いい人は誰なのでしょうか？」

「そのときの立場によって違うと思います」

「そうですね。それでしたら、いい人に出会いたい場合はどうしたらいいと思われますか？」

「自分で判断すればいいんでしょうか？」

「自分の判断と親御さんのご判断は同じですか？　それとも、違いますか？」

「違うと思います。でも、自分がいいと思ったら、それでいいと思います」

　つまり、自分がいいと思うなら、その人はいい人だということ。反対に、悪いと思ったら、その人は悪い人になるのです。それぞれの見方によっていいと判断するときもあれば、悪いと

思うときだってあるでしょう。

　人によって判断のメガネの色が違うのです。
　夫が一生懸命稼いだお金を老後のために貯金しているとします。しかし、妻が夫に内緒でお寺にお布施として1000万円払ったとしましょう。お寺からしたら、妻のことを素晴らしいと称えますよね。
　しかし、家族はなんと言うでしょうか？「なんてことをしてくれたんだ！」となりますよね。このように、同じ行動をとっても誰の立場で、どう見るかによってそれぞれ反応が異なるのです。
　いい人の基準とはそのほとんどが、「相手が自分にどれだけのことをしてくれたか」によって決まります。自分によくしてくれた人とは、どういう人か。
　まず、物質的または精神的に利益を提供してくれた人。次に、自分の考えに同調してくれた人。悪い人の基準はこの反対ですね。

　つまり、いい人と悪い人を見分けたがるのは、自分の認識上の問題を、無理やりこじつけているにすぎません。
　本当は「あなたって、私の利益の基準に合わない」が本音なのに、口では「あなたが悪いのよ」と言います。
　逆に、自分が気に入ったからといって、相手が必ずしもいい

人であるという保証はありません。自分の基準によって、相手のことがよく見えることもあれば、悪く見えることもあるというだけです。

　この世には気に入った人もいれば、気に入らない人もいます。また、好きな人もいれば、嫌いな人もいます。もし自分が好きな人とだけつき合おうとすると、1000人のうち、10人くらいしかいなくなるでしょうね。

　いい人に出会いたければ、先に自分の心を開きましょう。 そうすれば、いろんな人に出会うことができ、自分の視野が広がります。

なぜ欲しいものが手に入らないのか

　恋愛経験が少ない人からよくこんな相談をいただきます。
「私、見た目は普通だと思うんです。性格だってそうですし。
仕事もそこまで悪くないと思うんですが、どうして恋人ができ
ないんでしょうか？　自分になにか問題があるのでしょう
か？」

　考えられる原因としては、理想が高すぎるのかもしれませ
ん。理想が高いと、相手の心理的な負担になります。
　また、一般的に人は自分よりも条件のいい相手に出会いたい
と思うので、ますますハードルが上がり、出会えても慎重にな
ってしまいます。たとえば、社会的地位が高い人やお金持ち、
有名人に会うと少し緊張しませんか？　親しくなりたいけど、
でも、自分には無理かも……と思い、肩に力が入ってしまうで
しょう。
　しかし、こういう人々はよく「まわりにいい人がいません。
いい人がいても相手がいる場合がほとんどで……」とおっしゃ
います。

　**すでにお相手がいる人のことをいいと思うのは、理想が高い
証拠です。**たとえば、これを職業に置き換えてみると、大企業

に就職すること、弁護士や医者になることは、その職業に憧れる人が多いため人気が集中するのです。

　仕事がなかなか見つからないのは、条件のいい会社ばかりに狙いを定めているからです。

　これと同じように、「自分の相手はこのくらいの人じゃないと」という考えから、ごく普通にアプローチしたつもりでも、客観的に見れば理想が高すぎる場合があります。

　次に考えられる原因としては、小さいころ、ご両親の仲がよくなかったことが関係しているのかもしれません。夫婦間のいさかいがひどく、母親が「ああ、あなたのお父さんのせいで悲しい。結婚しなければよかった」と言っていた場合などが当てはまります。

　親の言うことを理解できる年齢なのかどうかに関係なく、愚痴を聞かされたことで父親に対するマイナス意識が植えつけられます。

　やがて大きくなった子どもが恋人に出会い、結婚の話が出ると、なんだか心が不安になる。そのため、人生で決定的な瞬間に逃げることを選んでしまう。

　または、子どものころ、大人の男性から性的虐待などを受けたことがある場合。大人になって忘れたと思っていても、そうした経験が男性に対する不信感と拒否反応を起こしている可能

性があります。

　あるいは、友だちが彼氏と別れて、うらみ言を聞かされていたりすると「ああ、恋なんてするもんじゃないんだな」という考えが自然と生まれてくるかもしれません。

　しかし、最初はいいと思ってつき合いはじめたのに少し時間が経ってから、「あれ？　なんだか違うかも」と感じたことってありませんか？　そういった意味では、交際や別れを経験するのも悪いことばかりではありません。

　さて、一般的に交際相手や結婚相手を探している場合、相手を色メガネで見ていることが多いです。誰でもいいからつき合うわけにもいかないし、結婚まで考えると慎重になってしまう——というふうに。

　理解できなくもないですが、年齢、学歴、経済力などを気にしすぎると、ぴったりの相手はなかなか見つかりません。

　この世にすべてそろった人は存在しません。よく研がれた包丁は台所仕事の役に立ちますが、指を切ったり、命を奪う凶器になることすらあります。

　一方、綿はやわらかいけれど、まったく強さはありません。

このように、万物には両面性が存在します。

　それなのに、人間に対しては頭がよくて、物腰がやわらかく、やさしくて、リーダーシップもあって……と、完璧な人を望む人が多いこと。しかし、そんな人と出会うのは不可能でしょう。

「お隣の旦那さんは家のこともよく手伝ってくれるっていうのに、あなたはどうしてなにもやってくれないの？」

「隣の奥さんは家事も上手だっていうのに、君って家事が苦手だよね……」

　このようにパートナーのことを責めたりしていませんか？

　やわらかい羽毛を選んでおいて「どうしてこんなに頼りないの？」と言ったり、鋭いところがいいと包丁を選んでおいて「君はどうしてそんなにキツいんだ？」と言っているのと同じことです。

　相手が自分の好みに合わないからといってがっかりするのではなく、「ああ、すべてそろっている人なんていないんだ。この世は平等だなあ」と考えるようにしましょう。

　山を見渡しても、柱として使えるような木なんてどこにもありません。いくら丈夫でツヤがあっても、磨くことでやっと使い物になる。そういう気持ちでいれば、誰とでもいい縁を築くことができます。ひと目で気に入って自分の100％理想に合う相手なんて、世界中どこを探しても存在しないのです。

また、人はつき合いを重ねることで、相手についてよく知ることができます。

　たとえばある女性は、決断力がある男性と一緒に暮らし始めました。しかし、いざ一緒に暮らしてみると、頑固で自分のことしか考えていないように思えたので、別れました。

　その次にやさしくて友だちみたいになんでも話せる男性と結婚したのですが、どうも優柔不断さが気になります。つき合っていたときはいいと思えたのに……。

　人とつき合うのが苦手な場合は軽い気持ちで始めてみることをおすすめします。はじめは「知り合い」程度として接してください。やがて「知り合い」が10人に増え、20人になり、100人になったら、そのなかで恋愛感情を抱ける相手が出てくるかもしれません。

　条件にこだわらず、いろんな人に出会うことで、なかには年上でも素敵だと思う人もいれば、年下でも尊敬できる人も現れるかもしれません。離婚歴があっても素敵な人だっているかもしれません。

「女性（男性）なら誰でもいいや。まずは5人くらいと仲よくなってみて、それから自分に合う人を探そう」

　こういう気持ちでいれば、肩の力を抜くことができます。また、まずはつき合ってみて、この人と一緒にいるべきか、よく

様子を見ましょう。

　一方で、別れることは決して悪いことではありません。

　結婚する前にいろんな人とつき合ってみるのが、自分にとっても相手にとってもいいことではないでしょうか（だからといって、同時に複数の人とおつき合いするのは浮気性ですよ！）。

　たとえ、相手が去っていってしまったからといって傷つく必要はありません。もっといい人に出会えるチャンスができたということですから。

　また、別れにおびえる必要もありません。今は離婚する人も多い世の中です。つき合っているときに別れたからってなんの問題もありません。

　こうして経験を積むなかで人間心理について知ることができます。愛情が大きすぎて相手の重荷になることがあるし、そっけなくしても相手に愛想をつかされてしまうでしょう。

　人間関係は計画どおりにいくことでもなく、経験を通じて学べることです。これを学習効果と呼びますが、失敗から学ぶことだってあるのです。

自分の望み、相手の望み

　ある若い男性が「幸せな結婚の条件」を尋ねてこられました。

「漠然となんですが、お互いに考え方が似ていたら、結婚して幸せに暮らせると思っていました。

　でも、いざこの歳になると、まわりから『男だったらある程度の貯金がないと』『都心のマンションくらいは買えたほうが』などと言われました。自分ももう大人なので、現実的な面も多少考えなくてはいけないとは思うんですが、いったいどんな価値観をもてば、幸せな結婚ができるのでしょうか？」

　結婚の条件は大きく分けて2つあると言えます。

　1つ目は肉体的に成人した人間であるか。

　2つ目は、パートナーに合わせて自分の権利の半分をあきらめる覚悟があるか。つまり、相手に合わせる心の準備ができているか、です。

　たとえば、自分は海の近くで暮らしたいと思っているのに、パートナーが山の近くに暮らそうと言ったら、相手に合わせて山の近くに住めるかどうか、ということです。

　体質も違えば、考え方も違う、育ってきた環境も違う2人が1つ屋根の下で仲よく暮らすには、自分の権利の半分をあきらめる姿勢が必要です。

　そうでなければ、いくら盛大な結婚式を挙げて、いくら広い家で新婚生活を始めても、長続きしません。自分の権利を握りしめたまま「あの人は性格がいいから、自分によくしているはずだ」「つき合っていたときみたいに全部自分に合わせてくれるだろう」と思っていては、結婚してからぶつかります。

　悩みは実に些細なことから生まれます。たとえば、妻は服を脱いだらすぐにきれいにしまうタイプなのに、夫は服を脱ぎっぱなしにして、しばらく放置しておくタイプだったとしたら、衝突は免れません。

　食事だって、夫は「なんだか味が薄いな」と言っても、妻は「私はちょうどいいと思う」と言えば、それがケンカの原因になるかもしれません。室内の温度だって、エアコンを夫は「暑いからつけよう」と言っても妻は「寒いから消して」となったら、そこから争いが生まれます。

　こうした小さなことでぶつかるから暮らしが大変なわけであって、マンションが大きいか、車はあるのかなどといったことは、実は大きな問題ではないのです。

現代の結婚制度は、人類の文明が発達する過程でお互いの利益となるよう自然とできあがったものです。

　一般的に、文明は「効率性」を求めて発達していきます。

　たとえば、お互いに独り暮らしをしている場合。

　2人で1つの家に暮らせば、家賃が浮きます。テーブルも1つでよくなるので、これも節約になります。掃除もそれぞれの家を毎日掃除するより、一緒に住んで交代でやれば1日休めます。このように役割分担することで、お互いの暮らしに利益が生まれますね。

　一緒に暮らすことがお互いの利益になるというのは、「相手が求めていることを叶えてあげる」という意味です。もしも、夫がたくさん稼いで家にいないよりも、ときどき仕事を早く切り上げて一緒にお茶をしながら話がしたいと妻が望むなら、夫もそれを尊重すべきです。

「稼いできているのに、なんで不満ばかりなんだよ？」

　このように言ってはいけません。

　結婚したら、妻の要望に合わせて動くのが夫であり、夫の要望に合わせるのが妻なのです。だからといって、がんばりすぎる必要はありませんが、少なくとも**相手が何を望んでいるかによって、自分にできることをやる**のが、お互いによきパートナーになる道です。

人生がラクになる「8割のルール」

　入社して4カ月。新社会人になったばかりの女性が、せっかく入った大企業に通うのが苦痛で仕方ないと相談してこられました。

「朝、会社に行こうとすると、苦しくて涙がでます。仕事をしていても涙が止まらなくなって、家に帰ってくるとそんな自分が情けなくて、胸が苦しくなります。

　会社をやめたいんですが、まわりから今のような就職が難しい時期に大企業にまた入れることもないだろうし、女性にとって働きやすい職場だからもう少しがんばってみろと言われます。でも、私は毎日が苦痛で、もうどうすればいいのかわかりません」

　タバコを吸わない人が友人に「このタバコ、うまいから吸ってみろ」とすすめられました。そこで吸ってみると、のどが痛くて涙が出ました。そこで、やめようとしたのに、友人がいいタバコだからとしきりに説得してきます。しかたなく我慢して吸いつづけました。自分に合わないならやめればいいのに、いいものだと言われてやめるのが惜しくなったのです。

　いい会社に就職したとまわりからうらやましがられ、やめる

のを止められたときに感じた心境もこれと同じだと思います。

　他人からいくらいい会社だと言われても、自分が嫌だったらそれはいい会社ではありません。自分の人生なのに、まわりの目を気にする必要がありますか？　「お世話になりました」と言って退職届を出せばいいのです。

　もしやめるのをためらっているなら、きっと「どうして私には未練が残っているのだろうか？」という点について考えてみる必要がありますね。

　もし、お金のためだったら家事代行でもして稼げばいいのです。それが嫌だったら、清掃の仕事はどうでしょう？　それも嫌だったら他の仕事を探せばいいのです。

　こうして1つずつ候補をあげてみてから「それでも、今の職場が一番」と思ったら、やめずにそのまま通いましょう。

　給料も多い上に安定した職場なら、人よりちょっと苦労するのは当たり前でもあります。しかし、「いくら待遇がよくても、自分は嫌だ」と思うなら、その場に留まる必要はありません。

　でも、私の元を訪ねてこういう質問をなさるのは、「やめるにはもったいない」と考えているからでしょう。そこには欲が存在します。まずはその欲を捨てなければなりません。

　会社をやめたいのに、そうできないなら今の仕事と他の仕事を比べてみてください。

「肉体労働は体力が求められるのに日当は5000円。今の会社は日当が1万円にはなる」

　こう考えて、続けてみるのはいかがでしょうか。

　ところで、他人がうらやましいと思う会社に就職したのに、どうしてつらいと感じてしまうのでしょうか？

　それは、<u>自分の能力が過大評価されているから。</u>

　<u>過大評価された自分の姿に見合うために、人1倍努力しないといけなくなるからです。</u>

　職場で過大評価されると、期待に応えるべく常に緊張していなければなりません。本当の能力がバレないかと、常に焦り、不安に襲われます。ひどい場合は、それが原因で心の病気を抱えてしまう人もいます。

　そのため、<u>仮に自分の能力が100だとしたら、まわりに知らせるときは多く見積もっても80くらいだと言うようにしましょう。これこそ、人生を楽にする道です。</u>

　<u>もし、自分の能力が100なのに、まわりには50だと思われていたら、誰にも文句を言われません。</u>

　最初はそれほど期待されていなかったのに、一緒に働くうちに思っていたよりも能力もあることがわかると優秀に見えま

す。そうなると、まわりからも認められるようになります。

　反対に、自分の能力は100なのに、120や150あると思われていたらどうでしょう？
　いざ一緒に仕事してみたら、期待にそぐわないため能力不足だと評価されます。そうなったら、上司にもがっかりされ、最悪の場合、やめざるをえなくなるかもしれません。

　それでは、どうすればまわりの評価で一喜一憂するのをやめられるのでしょうか？
　まずは、あまりがんばりすぎず、他人にどう思われようが自分のできる範囲のことをやることです。
　自分の能力以上にがんばろうとするから緊張してしまい、苦しくなるのです。次に、結果をありのまま受け止めるようにすることが大事です。

　韓国の昔のことわざに「仕事は人間がするものだけれど、運命は天が決める」というのがあります。これは「ベストを尽くしても、結果にこだわるべからず」という意味です。
　肩の力を抜いて軽い気持ちで挑戦してみること。そうすれば、いつしか実力も追いつくことでしょう。

「中道」を教えてくれる人

　１日24時間のうち、多くの時間を過ごす会社という場所で、会社員がもっともつらいと思っているのは、その業務内容ではなく、人間関係だといいます。

　病院で看護師として働いている人が、とてもじゃないけれど上司の要求に合わせられないとおっしゃいました。
「上司が業務を分担するときに他の看護師には患者を４人ずつ振り分けるのに、私には５人も振り分けるんです。私がパソコンに向かって作業をしていると『さっさと動いて！』と言い、きびきび動くと『あなたのやり方が雑で、見ていて不安になるわ。もう少し落ち着いて行動して』と言われます。なんとか合わせようと必死ですが、つらいです……」

　職場での悩みを解決する方法は２つあります。
　まずは、苦手な上司と同じ場所にいないようにすること。他の職場を探せばいいのです。次に、それができないのなら受け入れること。
　農業にたとえるなら、種は立派なのに、畑に問題があるのだとお考えなのですよね？　そうしたら、畑をもう１度耕すか、あるいは他の場所に移るかです。今の畑に未練があって他の場

所に移れないのであれば、覚悟を決めてもう1度耕すしかありません。

　これが簡単でないことはわかっています。しかし、食べていくためには避けられないことです。
　反対に、山に木を伐りに行ったのに山が高すぎて登れない、ノコギリがダメで伐れない、木が太すぎて無理だといった場合にはあきらめて下山するしかないですよね。

　もしも、会社をやめない状態で幸せになる方法を探しているなら、見方を変える必要があります。

　上司が自分にだけ多めに仕事を与えるのだということですが、他の看護師が4人の患者のお世話をするとき、5人のお世話ができるのは、いいことではありませんか？
　なかなかできることではありません。どうせ働くなら、4人よりも5人のために働くほうがいいのでは？
　また、パソコンに向かって作業しているのに「今、何しているの？」と言われたら、「今、入力しているんです」と答えればいいのです。「動きが雑で、見ていて心配」と言われたら、少しだけゆっくり動いてみてはどうでしょうか？
「速すぎる」と言われたら少しスピードを落とし、「遅すぎる」と言われたら少しだけ速く動くようにして……。こうすれ

ば、どのくらいの速度で動けば、上司が求める速度になるのか、わかるはずです。実は、これが重要なのです。

　病気の人のお世話をしてお給料をもらうと考えれば、それはとてもやりがいのあるお仕事ではありませんか？　上司に「動きが雑で、見ていて心配」と、嫌味を言われたら、「ああ、あの人は今、私に"中道とは何か"を教えてくれているんだ」と考えるようにしましょう。

「中道」とは、相手が適度だと感じる具合に合わせることを意味します。相手に合わせるからといって、自分の基準がないとか、しっかりしていないというわけではありませんよ。自分が与えられた条件のなかでベストを尽くすという意味です。

　職業にはそれぞれ役割があり、看護師さんは一生懸命患者さんのお世話を、教師は学生をしっかり教えればいいといわれていますが、現実はそうではありません。

　どんな組織にも管理職がいますから、社会生活を円満に送るためには、彼らとうまくやっていくことも大事です。

　もちろん「媚を売れ」というわけではありません。

　看護の仕事において、上司に対しても気をつかうべきだということです。

　上司が患者の治療を中止しろだとか、間違った注射を打てと

いうような倫理に反する要求をする場合は、看護師として断固
拒否して当然です。そうでないかぎりは、一緒に仕事をする人
としてある程度上司に合わせていかなくてはなりません。

　そして、気難しい上司にだって合わせられるスキルを身につ
ければ、あなたはどこに行っても苦労しなくなります。

　今は難しい人に合わせる訓練を受けているのだと考えてみて
はいかがでしょうか？

　ただし、法的に不当な待遇を受けた場合は黙っていてはいけ
ません。法律の専門家に相談しながら、しっかりと権利を主張
してくださいね。

この"自分勝手な社会"で

　人はみんな利己的です。そのため、誰もが自分にとって利益になる相手と親しくなりたいと考えます。

　結婚相手を選ぶときも経済的な面や学歴、身体的条件、性格などをすべてチェックして、自分にとっていい相手を選びますね。親子の関係も程度の差はあれど、利己心が働きます。親のことが好きなのは単に産んで育ててくれたことに感謝しているからでなく、親ほど自分に利益を与えてくれる人がいないからです。

　しかし、相手と1、2回会った程度ではわかりませんが、時間が経つにつれて徐々に悩みが生まれます。つき合い始めのころは、相手が自分の利益になることがあるかも……と期待して、少しくらい損をしても気になりません。長期的な投資だと考えるのです。

　こうして、半年ほど経過すると、徐々に相手のことがよくわかってきます。

　なんだか自分ばかり損している気がして、これなら1人でいたほうがよかったかしらと思い始めます。

　利己心をもって人間関係を築くことを悪いと言っているわけではありません。

　しかし、**相手にも利己心があるという事実を受け止めるべき**

です。自分自身も損得を考えて相手を選んだように、相手も計算づくであなたを選んでいるのだと思えば、自己中心的な人を悪い人だと決めつけることはできなくなるでしょう？

　たとえば、自分が3をあげて7をもらうつもりでいたら、相手も考えていることは同じです。そうなると、お互いに3しかもえらないので、がっかりしますよね。
　相手に不満を感じたり失望したりするのは7を期待していた自分のせいであって、相手のせいではないのです。

　ある大学生が、必要なときだけすり寄ってくる友人と今後どうつき合っていけばいいのか悩んでいると言います。
「うちの学科に勉強が一番できる子がいます。その子は1人になりたくないみたいで、自分の思いどおりになる友だちを探しています。たとえば、授業のときに、私も隣にいるのに、反対側に座っている友だちにだけお菓子をあげるんです。別にお菓子が欲しいわけではないのですが、正直気分がよくないですよね。自分に都合がいいときだけ、私にもやさしくしてくるので、モヤモヤします」

　相談してきた方が、このクラスメイトと結婚したら100パーセント失敗します。
　なぜか？

自分が食事の支度をしているのに夫はなにも手伝ってくれず、出されたものだけ食べて、後片づけもしようとしないので、ひとこと釘を刺したら、今忙しいと言い訳されました。

忙しいんだと思っていたのに後で様子を見にいったら、ダラダラとネットをしたり、テレビを観ています。こんな夫と暮らしていることに嫌気がさします。

大学のクラスメイトに対する気持ちは、これと同じことです。

あるいは、就職した後は上司や会社の同僚に腹が立つかもしれません。

また、彼氏にプレゼントを2回渡したのにお返しは1回しかもらえなかった、自分から3回電話したのに相手は1回しかかけてこなかったといった理由でケンカになるかもしれません。

人はみんな利己的です。普通は自分のほうが必要だから、相手に電話します。自分から電話をかけて「何かしてほしいことってある？」なんて尋ねることは、お坊さんの私だって100回のうち1度もありません。

普通はなにか頼みごとがあるから電話します。私にかかってくる電話だって、ほとんどがそうです。

「なによ、自分が必要なときにだけ電話してきて」

あなたはこう思うかもしれませんが、実はほとんどの人がみ

んなそうなのです。

　クラスメイトがお菓子を他の友人にだけあげて、あなたにあげないのはその人の自由です。自分にだけくれなかったからといって気にする必要はありません。「くれればありがたいし、くれなければそれまで」と考えるようしましょう。

　それから、そのクラスメイトがわからないことをあなたに聞いてくるのは、いたって普通のことです。

　なにか気になることがあれば、私に聞きにくる人もいますし、私も必要であれば、他の人に聞きます。そうやって、この世はお互いに助け合うことで成り立っています。

　そこで「私は3あげたのに、相手はどうして2しかくれないんだろう？」と考え出すと大変です。

　親は子どもに100をあげても、子どもは親に10も返しません。親はそんな子どもを憎んでいるでしょうか？　親だって、自分の親から100もらったのです。

　つまり、計算してみると、**人生において他人を助けてあげた割合と、自分も他人に助けられた割合は同じくらい**です。ちっとも助けてくれない人がいる反面、自分も他の誰かに助けられた経験があるはずです。

　自分は好きなのに相手は自分のことがそんなに好きじゃないなんて、と相手を憎んではいけません。なぜなら、**好きなのは**

自分の勝手で、相手が自分のことを好きかどうかは相手が決めることだからです。

　また、自分のことを好きだと言っていた相手が、心変わりして他の人を好きになったとしても、うらむ理由はありません。相手の気持ちは自分がどうすることもできないからです。

　そういうときは「そうなんだ。2年間、あなたのおかげで幸せだったし楽しかった。ありがとう」と考えるようにしましょう。「あの人に裏切られた」と言いながら、ずっと苦しまなくていいのです。

　人間の心には利他心もあれば、利己心もあります。危機の際に利他心が発揮されることもありますが、人は根本的にみな利己的なもの。

　利他心は心の奥底に潜んでいますが、利己心はそれよりもっと上のほう（心の表面的なところ）にあります。そのため、利己心がより簡単に、しょっちゅう現れるのです。

「人間にはみんな利己的な面がある」という事実を受け入れたときに初めて、「では、利己的な相手に、はたして自分はどこまで合わせられるか」という自分の行動の問題に変わります。

　利己心を捨ててこそ、真の平和が訪れるわけではありません。自分も利己的だし、相手も利己的だと思えば、ほとんどのことが解決できます。

　他人を責めたり、他人の性格を直そうとしたりするのはやめ

ましょう。自分を変えるのも難しいのに、他人を変えられるで
しょうか？

　ただし、自分のためにではなく、心から相手のためを思って
アドバイスを送るのはいいと思います。

　そういうときは、そう簡単には直らないという気持ちで始め
ましょう。たいてい１回、２回指摘した後、相手の行動が変わ
ることはありません。「せっかくあなたのことを思って言って
あげたのに」と、無視されたように感じるでしょうね。

　もしもこう思ったら、相手ではなく自分の気持ちを振り返っ
てみましょう。

「自分は本当に相手のためを思って言ったのだろうか？　もし
かして、自己満足のために、相手に恩を着せたかったのではな
いかな？」

　もし、**相手が変わらないことがストレスになるとしたら、口
では「相手のためを思って」と言っていても、実際には自分の
ために言ったにすぎません。**

「あなたの考えは間違っているから、直したほうがいいんじゃ
ない？」

　このように押しつけてはいけません。**自分が知っている知見
を相手に教えてあげることはできても、それを聞いてどう行動
するか判断するのは相手です。**

「ギブ＆テイク」という取引

　お互いになにかしてあげることを「ギブ＆テイク」と言いますよね。一見、公平なように見えますが、実際には取引です。

　夫が妻に服をプレゼントしましたが、妻はあまりうれしそうではありません。それを見た夫はなんだか落ち着きません。
「前に買ってあげた服、どうして着ないの？」
「ああ、私には似合わない気がして……」
「なんだよ、せっかく買ってあげたのに」
　こう言われたら瞬時にがっかりし、同時に腹も立つことでしょう。夫婦だけでなく、家族や友だちに対しても、自分がしてあげたことに対する見返りを求めて苦しんでいる人をよく見かけます。

　家族に対してそういう思いがあるという人が相談にいらっしゃいました。
「家族の元を離れて外国で暮らしています。私から兄弟によく電話をかけるのですが、正月でも誰も私に電話をかけてきません。家族がどう過ごしているか気になりますが、『毎回自分ばかり電話している』と思い、最近は私からかけないようにしています。それで、苦しいです」

　これは「こっちからなにかしてあげたら、返ってくるものが
あって当然だ。こっちから10回電話したなら、普通１回くらい
はかけ直すのが筋だろう」という意味ですね。

　多くの人が、この方の言うことに共感されるかもしれませ
ん。しかし、ここで間違ってはいけませんよ。
　家族に電話するのは、自分が気になって仕方ないからです。
　つまり、**自分が家族のことを必要としているから、家族のこ
とが好きだからであって、相手のためではありません。**
　たとえ兄弟であっても必要がないなら電話をしなくてもいい
ですし、両親に電話をしなくても罪に問われるわけではありま
せん。自分がしたければして、したくなかったらやめていいの
です。

　家族から電話がないからといって、自分も電話しないで我慢
するというのは「心理的な取引」です。取引に対して不満があ
るから、自分から電話するのをやめようと思ったのですね？
「自分はこれだけしてやったのに、相手はなにもしてくれな
い」というのは取引にすぎません。
　自分が好きでやっているならかまいませんが、見返りを求め
てしまったら、相手とギクシャクして当然です。
　こういうときは家族に電話して「自分ばかり電話してさみし
い」と正直に自分の気持ちを伝えてみましょう。

親しい仲で問題が起きる原因は、やってあげたぶんだけ見返りを求めるからです。

「見返りもないのに、どうしてしてあげなくちゃいけないの？」
　こうした考えが憎しみになり、失望に変わるのは、相手のためではなく、あげたぶんだけ見返りが欲しいと思う自分だ、ということに気づきましょう。
　心のどこかに「相手のためを思って」という気持ちがあったら「自分がここまでしてあげたのに、相手はなにもしてくれない」という気持ちがついてまわります。
　しかし、相手を思ってしたことは実際には自分の幸せのためなんだということがわかっていれば、相手に期待や見返りを求める気持ちも消えていきます。

誰も犠牲者ではありません

　親が子どもに注ぐ愛は、見返りを求めない純粋なものだといいますよね。しかし、親だってつらいときもあります。
「ここまで育てるのは本当に大変だったわ」
　この言葉の裏には「一生懸命育ててやったんだから、老後の面倒くらい見てもらいたい」という気持ちが潜んでいます。ここから親が子どものことをうらむケースが生まれるのです。

　親になる楽しみを得たなら、子どもが大きくなって巣立っていってもまったくさみしくないはずです。親としての喜びを与えてもらったのですから、それで十分なのです。子どもがやがて独立し、新しい家庭を築いただけでよかったと思います。
　一方、いくら親でも自分の知らないうちに「育ててやった」という気持ちが生まれてしまうと、子どもにがっかりしたり、苦しくなったりします。

　子どもの教育のために妻とお子さんを外国に送り、独りで暮らしているという男性がいらっしゃいました。子どものためにした選択ですが、ときどき人生がむなしく感じると。
「外国で勉強している子どものことを考えると正しい選択だったと思いますが、ときどきむなしくなります。どうしたら、こ

ういう考えをやめられるでしょうか？」

　人生を、責任を果たすことだけで考えると、ふと立ち止まったときになにもかもむなしく感じるときがあるかもしれません。

「子どものためにどういう父親でいるべきか？」という考えは、はたから見れば立派ですが、そこには家族のために自分が犠牲にならなければ、という気持ちが含まれています。その考えがやがてストレスに変わり、人生じたいを不幸にします。

「家族のために一生懸命がんばる」

「子どもたちのために自分が犠牲になる」

　こういう人の心には使命感がありますが、その使命感が人生を重くします。

　こういうときは1度自分に正直になって、独身でいたいのか、家族と暮らしたいのか、よく考えてみましょう。

　自分が独りでいるよりも結婚したいと思い、手が焼けても子どもが欲しいと思ったなら、妻と子のために自分が犠牲になっているという考えは間違っています。

　子どもに対して「ありがとう。お前がいてくれるおかげで幸せだ」と言い、妻に対しては「ときどき小言も言われるけれど、君のおかげで人生が楽しい」と、とらえてみてください。

「あなたたちのためにここまでしたのに、返ってくるのはたったのこれっぽっち？」

　こういう思いが募ると、愚痴がこぼれます。**誰かのために自**

分を犠牲にすることは、自由で幸せな人生につながりません。

　親が子どものためにひたすら犠牲になると、どうなるでしょう？

　子どもは親からの大きな期待という重圧に悩まされます。人生が味気なくなり、常に親の機嫌をうかがうようになります。彼ら、彼女らは結婚しても精神的に独立できず、親に縛られます。

　子どもの幸せを願い、いい親になりたいのであれば、成人したらさっさと独立させましょう。

「高校を卒業するまでは面倒見るけど、その後は好きなように生きなさい」

「独りで暮らしてもいいし、結婚してもいい。誰と結婚したってかまわない。好きに生きていって。あなたのやることなら、なんだって応援するから」

　子どもはどんな場所で育てても大きくなるもの。子育てがつらいと愚痴をこぼしてばかりでは、子どもは大きく育ちませんし、未来を描けなくなってしまいます。

愛を「もらう」より「与える」

　多くの人は映画やドラマ、小説の影響からか、結婚に対して抱く期待や幻想が大きい気がします。

　2人で仲よく食卓を囲めればそれだけでいいのに、ドラマのように毎日ドキドキしないといけないという考えから、相手の関心が少しでも薄れると苦しんだり悲しんだりする人がいます。

　パートナーにこれといった問題があるわけでもないけれど、「つき合っていたときよりも会話も減ったし、なんだか退屈。結婚生活がこんなふうだなんて……」という人の多いこと。

　また、ある女性が夫に対する気持ちのせいで苦しいと相談にいらっしゃいました。

「夫に頼ってばかりいて、期待してしまう気持ちをどうすればいいでしょうか？　夫への執着をやめたら、今度は子どもに執着してしまいそうで怖いです」

　パートナーに執着するのは、それだけ頼りにしている証拠です。頼るというのはいい意味では相手を信頼することであり、悪い意味では相手に従う気持ちでいるということ。

　夫に対する執着を捨てられずさみしくなったら、夫への執着

が今度は子どもに移り、これが後になって子どもにとって重荷となって、親子の問題の原因になります。

　夫婦はさみしいときはお互いに頼っていいかもしれませんが、あまり執着しすぎると、結婚が束縛のように感じられてしまいます。

　一般的に幼少期に親から十分な愛をもらえずに育つと、誰かにちょっとやさしくされるとその人のことが好きになってしまうのです。親からもらえなかった愛情を恋人やパートナーに求めてしまうからです。

　最初は親からもらえなかった愛情を満たせるように思えますが、時間が経つにつれて徐々に相手に対する失望やうらみの感情が生まれてくる。また、親やパートナーでは満たされなかった愛情を今度は子どもを通じて満たそうとします。

　しかし、子どもが大きくなるにつれ、親の望みどおりにはならないので、ここで再び挫折を感じます。そうすると、親にも、パートナーにも、子どもにも裏切られた気持ちになるでしょう。

　「誰かに依存する」ということは、相手の態度によって、自分の人生が揺らぐことを意味します。
　相手に期待したり、甘えたり、依存したりする気持ちには必

ず苦痛がつきまといます。自分の考えや判断、自分の中心がなくなり、常に相手が「なにかしてくれた／してくれなかった」ということに振り回されるため、自分はどうしてよいのかわからなくなって、苦しみが絶えません。

　一般的に語られる愛とは、相手に甘えることを意味しているようです。しかし、**相手を愛しつつ、独り立ちできてこそ真の愛だといえます**。そのため、**相手を助け、相手の居場所になろうという姿勢でいるべき**です。

　自分自身を見失い、誰かの犠牲になる愛には、期待する気持ちが潜んでいるので、必然的に憎しみの感情につながります。

　面識のない人とは敵になることはほぼありません。むしろ、**愛しているから敵になり、期待したり依存したりする気持ちがあるから敵をつくる**のです。

　今日から「他の誰でもなく、人生を切りひらく主人公は自分だ」という気持ちで生きるようにしましょう。

「あなたのためを思って」というお節介

　ときに人は他人の人生に対して、単なる愛情を超え、しなくてもよい干渉をしてしまうことがあります。

　子どもが就職活動に失敗して、結婚もまだで心配だという女性がこうおっしゃいました。

「30代の息子と娘がいます。2人とも就職活動を始めて4年になるんですが、なかなか就職先が見つかりません。また、結婚もまだです。とても心配なんですが、親としてどうサポートすればいいでしょうか？」

　多くの親御さんはお子さんに対して「いい会社に就職してほしい」「早く結婚してほしい」と考えていらっしゃいますね。

　こういうお話を聞くと、子どものために努力しているように見えますが、実はそういった行動が子どもにとっては負担になっていることが多いです。

　一番いいのは、もう成人しているのですし、就職試験を受けるも、結婚するも、自分の人生なんだから自分の好きなようにしなさいとそっとしておくこと。

「愛情を注ぐのをやめよう」と申し上げているのではなく、「干渉をやめましょう」という意味です。

　すると、こんなふうにおっしゃる人もいます。

「それは無関心ではないですか？　子どものことをあきらめろということでしょうか？」

　私が「他人の人生に干渉しないでください」と申し上げるのは、家族や世のなかのことに無関心でいましょうという意味ではありません。仮にその対象が自分の子どもだったとしても、独立した人格として尊重すべきだという意味です。

　幼少期を過ぎ、子どもが大きくなると、それまでは親の言うことにすんなり従っていたのに、自己主張も強くなり、やめなさいと言っても好奇心をのぞかせたり、やるべきことをやらないでいたりすることで、親と対立することがありますね。

　しかし、これはいたって自然なこと。

　ここからは自分で判断して経験してみて、失敗したら苦しんだり挫折したりしながら、成長する時期に入ります。そういうとき、親は心配でもそっと見守るべきです。

　子どもが成人したら、きっぱりとサポートするのをやめましょう。そうすることで、1人の人間としてしっかり立つことができるようになるのです。

　干渉しすぎても、無関心すぎてもダメです。愛情をもって見守りつづけ、子どもが助けを求めてきたときだけ助けてあげるようにしましょう。

　私の元に「助けてください」と相談にいらっしゃった人にアドバイスをすると、その人の役に立つことができたり、いい効果が現れたりします。

　しかし、頼まれてもいないのに私のほうから「あなたにはこんな問題があるようですが……」と申し上げたら、嫌がられて当然ですよね？
「どうして私の人生について、余計なことを指図されなくちゃいけないんですか？」
　こうなると、逆効果です。

　また、子どもが言うことを聞かないからといって、「もう知らないから、勝手にしなさい」と言うのは、愛情ではなく無関心です。助けを求めていないのに口出しして、いざ助けを求めてきたときにはこう言って突き放してしまうと、信頼を失います。
　つまり、干渉も無関心も役には立たないのです。

「そのままにしておいていいの？　直してあげるべき？」

　こういった考えは干渉したいという自分の気持ちから生まれたのものです。相手を「助けたい」と思っても、相手が「なん

とか自分の力でやってみる」と言ったら、ただ見守ること。

　もちろん恋人の場合も同じです。好きになったら、相手が嫌がっているにもかかわらず、なにかをしてあげようとする人がいますが、それはやめておきましょう。

　相手が自分を必要とするまで待ち、頼まれたときに助けてあげるのが本当の愛です。

　自分なら他人のことを助けてあげられる、自分が他人に有益なアドバイスができると思うのは、非常に危険な考えです。

　1歩間違えれば、「自己陶酔」または「承認欲求」です。

　どういうことを言ってあげたら相手をなぐさめることができるだろうか、という考えも、実は自分の欲から出たものかもしれません。

　ですから、他人を助けるときは、まず相手の話をよく聞いて自分にも似た経験があるならそれを話してあげる、というくらいの軽い気持ちでいるのがいいでしょう。

　家族であれ、友人であれ、他人の人生への干渉を少し減らし

て、もっと自分の人生を生きましょう。

　助けを求めていない相手にかまうことをやめ、助けを求めてきた人を自分のできる範囲で助けてあげましょう。

　そうすることで、相手のことも助けることができ、自分の人生も楽になります。

私もOK、あなたもOK

　山に行くと、松の木や背の高い木だけが生い茂っているのではなく、背の高い木の下に背の低い木も育っているのがわかります。それぞれ姿かたちも違うのに、そこには争いがありません。

　それなのに、お互いに好きで結婚した夫婦の間でケンカが絶えないのはなぜでしょうか？

　夫の酒グセや妻の小言が原因でしょうか？

　そうではありません。飲んで帰ってきた夫に「また飲んできたの？　体にも悪いし、お金だってないのに、どうして？」と責め、妻の小言に「またそれか？　いい加減にしろよ」と言い返すからです。

　これはお互いに自分は正しくて、相手は間違っていると言っているようなものです。ともに暮らしていくためには、お互いの違いを認める必要があります。

　自分は行きたいけれど、相手は行きたくないときもある。あるいは、自分は好きだけれど相手は好きではないかもしれないということを認めることです。

　たとえば社長と社員では立場が違いますよね？　こんなふうに考えてみてはどうですか？

「社長の立場としては、なんとか人件費を減らしたいんだな」

「社員の立場からしたら、給料を少しでも多くもらいたいと思って当然だろう」

　相手の考えが正解だと認めるのではなく、「立場によって違うことがある」ということを理解すれば、妥協の余地が生まれます。

　もちろん、自分とソリが合わない人がいた場合、笑って過ごすには無理があるかもしれません。

　たとえば、誰かが寝言で「あんたなんか嫌い」と言ったとしましょう。そう言われたら、寝ている人を起こして「今、何て言ったの？」と胸ぐらをつかんで問いただしたほうがいいでしょうか？　それは違いますよね。ここは「ああ、寝言ね」と思って聞き流すところだと思います。

　お互いに考えが違ってぶつかるのも、実は寝言とそう変わりありません。お互いに自分の考えに執着しているだけ。とりあえず声に出しているだけだと思ったら、スッと聞き流せませんか？

　相手に性格を直してもらおうと思うより、まずは自分から相手のことを理解する。

　相手が悪いところを直すべきだと思うときこそ、相手が自分で気づけるようにチャンスを与えるようにしてみてください。

　もしも、夫が家事をまったくしないなら「それなら、外での仕事をがんばってもらおうかな」と考えるのも１つの方法です。

　それでも、夫に少しでも家事をしてほしいと考えるなら、他の方法があります。
　体調が悪くて家事ができないふりをして「ねえ、今日は具合が悪くて起き上がれないの。コーヒーを淹れてくれる？」と頼んでみましょう。
　座ったまま「どうして私ばかりコーヒーを淹れなくちゃいけないの？　あなたもやってよ！」と言ったらケンカになりますが、寝込んだ状態で「あのさ、お腹がすいたんだけど、なにかつくってくれない？」と言えば、夫が変わるチャンスを与えられます。

　他人を変えるのは非常に難しいことですが、いっそのこと自分が相手に合わせて変わってしまったほうが楽ですよ。
　嫌がる人を無理やり直そうとせず、工夫を重ねて変化へと導きましょう。

CHAPTER 4

幸せを
みんなのためにつかう

現代社会は「ライバルに勝たなくてはいけない」
という競争であふれています。
みんながよりいいポスト、より多い利益を得ようとすると
争いが絶えず、わだかまりが広がります。
「勝ったら幸せ、負けたら不幸」という図式ですね。

俗にいう幸せとは、結局は他人の不幸の上に
成り立っています。
自分は試験に受かったら、他の誰かは
不合格のつらさを味わっているかもしれません。
ライバル企業に勝ったと喜んでいるとき
誰かは負けたことで後処理に追われているかもしれません。

大企業に就職して、高い年収と安定した職を得た人もいれば
雇用不安のなかで低い収入で生活している人もいるでしょう。
もっとひどい場合は、働き口が見つからず
生活に追われている人だっているでしょう。

それでも、人間は「自分が不幸でなければいい」
という考えで、前だけ見つめて、ひたすら走りつづけます。
そうやって走りつづけた先には
いったい何が待っているのでしょうか？

「成功の階段」の先にあるもの

　人は誰もが成功した人生を夢見ます。ここで、真の成功とは
何でしょうか？　27歳の青年がこうおっしゃいました。
「僕の場合、成功の基準が毎年変わります。2年前は年収が
300万以上が夢でしたが、1年前は税理士になること、今は不
動産鑑定士になるために勉強しています。今は成功の基準が
『資格に合格すること』ですが、人生における真の成功とは何
でしょうか？」

　私はこう質問しました。
「合格だったら成功で、落ちたら失敗になるのですか？　失敗
したらどうなさいますか？」
「またチャレンジします」
「成功したら、どうなさいますか？」
「お金をいっぱい稼ぎたいです」
「お金をいっぱい稼いだら、どうなさいますか？」
「今よりもっと豊かな生活が送れると思います」
「どうなれば豊かな生活なのでしょうか？」
「大きな家に住みたいです」
「大きな家は管理が大変だと思いますが……」
「それでも他人と同じように暮らしたいです」

「大きな家がいい理由はなんですか？　他の人に自慢したいからですか？」

「ええと、それもあります」

「大きな家を自慢したら、いいことがあるんですか？」

「……それはないと思います」

　この会話のように、多くの人が成功のために一生懸命走りつづけていますが、いざなんのために成功したいのかについてうかがったら、答えが漠然としていることが多いです。しかし、しつこく尋ねてみると、最後にこうおっしゃいます

「幸せになりたくて」

　そうです。結局は幸せに、そして自由になりたいのです。それなのに、多くの時間を割いたにもかかわらず、一生幸せを味わえなかったら、どうするのでしょうか？

　この青年は成功の基準は資格に合格することだと言いましたが、目標を叶えるために勉強しているなら、勉強していることじたいが幸せでなければなりません。

　しかし、勉強している間はつらいけれど、合格したら幸せになれるはずだと。頂上にたどり着くことだけが幸せで、山を登っている間はずっとつらいのですね。

　その場合、頂上にたどり着けなかったら、山登りに失敗したことになるのでしょうか？

いいえ、それは違いますね。中間まで行けたら、その分の登山は達成できたのです。

　それなのに、人は山頂を目指してがむしゃらに走りつづけます。いったい何のために走りつづけるのでしょうか？

　ある日、1人の医師が私の元にやってこられました。患者がいなくて困っているというので、私はこう質問しました。
「あなたのお金儲けのために、人が病気になることを望まれますか？」
　病気を治すのが医師なのに患者が増えることを望むだなんて、矛盾していませんか？

　弁護士にも同じことが言えます。法の保護を受けられない人々のために働くのはお金儲けにならないけれど、大企業に委託されて節税の手助けをする大手の弁護士事務所はお金儲けができるのだそう。だからそちらに人材が集中します。
　その理由は弁護士になった目的がお金だからです。どうして貴重な才能をお金の奴隷になるために使うのでしょうか？
　はたして、それが真の成功なのでしょうか？
　これは今のお金に対する社会全体の価値観であり、唯一の信仰である「お金教」だといえます。

　お金持ちの男性（女性）が現れたら、つき合っている人を裏

切り、お金をもっとくれるなら30年勤めた会社もスパッとやめて転職します。一見、かしこく立ち回っているようですが、実はお金の奴隷になって生きているのです。

　それなら、成功がどんな形であれば、人は幸せになれるのでしょうか？　医師の本分は治療です。いい医師だったら、患者が増えないようにするべきではないでしょうか？　医師なら、患者がいなくてつまらないぐらいが、目指すべき目標です。

　いい弁護士も同じです。困っているクライアントがやってきたら、できるかぎりいい方向に向かうようにサポートするのが役目です。こうして、お金のためでなく、人々の幸せのために働くことこそ、成功した人生だといえます。

　また、多くの人は都会でお金をたくさん稼いで立派なマンションに住めば成功したと考えます。しかし、田舎で農業を営んで「おいしい空気を吸って、自由に働けて、自分はとても幸せだ」と思うなら、それは成功した人生だといえます。

　これが多くの人が成功について誤解していること。**自分の人生なのに他人の基準に合わせて生きている**のです。
　他人からは成功したと評価されるかもしれませんが、自分はつまらないと感じているケースはよくあること。

一生懸命勉強するのをやめましょう、一生懸命働くのをやめましょうというわけではありません。ただ、**他人の基準で「素晴らしい」と決められた成功のために、人生を無駄にするのをやめましょう**と言いたいのです。

　そうしなければ将来、自分の人生を振り返ったときに後悔するかもしれません。

「1番」ではなく「2番」に置く

　多くの人が成功を人生の目標に掲げています。俗にいういい学校を出て、いい職場に通って、いいパートナーに出会って生きることを「成功」と呼んでいるのですね。

　ここでいう「いい学校」とはいい職場に入るための関門であり、「いい職場」とは少しの労力でたくさんの収入を得られる楽な仕事のこと。権力を振るえるポスト、人々がうらやましがる地位など──まわりの人よりも多くのお金や名誉、人気が得られる位置です。

　もちろんこうストレートに話すと、一部の皆さんは「必ずもそういうわけではありません」と首を横に振られます。

　人間は自分が成功することで、他人に迷惑がかかるといったことはないと考えています。しかし、もしも、あなたが30坪のマンションに住んでいて、まわりにお金持ちだと言われたとしたら、他の人は30坪未満のマンションに住んでいることを意味します。自分より大きなマンションに住んでいる人に対して、「あの人は自分よりお金持ちだよね」と相対的に評価するからです。

　これもまた誰かの不幸の上の幸せといえますが、多くの人は、そんなことにまったく気づかないまま生きています。

多くの人は財産、権力、名誉、人気のどれか1つでも他人より多くもった者が成功者だと思います。

　また、自分がそうなることで、他者にやさしくなれると思っています。寄付をたくさんしたり、歴史に名を残す偉業を成し遂げることができるかもしれない、と。

　問題は、「他人よりも多くもつ」ということが相対的だという点です。**なにかを「他人より」多く所有すれば、他人の持ち分は「自分より」少ないことを意味します。**

　財産を例にすると、誰かが少しの労力でたくさんの収入を得たとしたら、他の誰かはたくさん働いているのに安い賃金をもらっているかもしれません。

　権力も同じです。誰かが座って命令したら、他の誰かがその命令にしたがって動かなければなりません。そのため、1人の成功が輝くためには、多くの人の犠牲がともなうかもしれません。

　1人が有するお金の量が多ければ多いほど、基本的な欲求すら満たせない貧しい人が増えます。

　特に、今の社会は成功するためには他人を犠牲にしなければならない構造です。構造的にも現実的にも、みんなで成功することができないしくみになっているのです。

　みんながピラミッドの頂上に登りつめるために必死になり、

誰かが頂上に登りつめたら、競争に負けた他の誰か（その他大勢）はピラミッドを支える側になります。

　勝ちぬいた人は多くの人によって支えられているため、上部にいることができています。

　しかし、頂上に登りつめた人々は往々にして、それが「自分に実力があるためだ」と考え、自分がそれを享受していることを当たり前だと考えます。

　さらに、下で支えてくれている人々を無能あつかいする人まで……。そうなると、ますます多くの人が上を目指さないといけないと考えます。

　ときに自分の成功のために手段と方法を選ばない人も現れますが、自分の欲望に忠実な生き方が素晴らしいと、もてはやされたりします。

　まじめに働いてまわりをよく気づかっているような人を、世間知らずのお人よしだと馬鹿にして、他人を蹴落としてのし上がる人をうらやましがるような事例がたくさん見られますね。

　もしも、まわりにつらそうな人がいるのに、自分は他人よりも財産や権力、名誉や人気があったとしたら、その恩恵を受けている自分の喜びは彼らの犠牲で得たものです。
　そのため、自分が苦労せず楽に暮らしているのは、自分よりも一生懸命生きている人がいるためだということに気づかなければなりません。

　ある日、古代インドの王であるプラセーナジットがお釈迦さ
まに聞きました。
「立派な王になる道を教えてください」
　すると、お釈迦さまはこうおっしゃいました。
「1人息子を愛するように、民衆を愛しなさい。他人の不幸の
上に自分の幸せを積みあげてはなりません。王の地位を特別な
ものと考えてはいけません。常に貧しく弱い人を助け、孤独な
人をなぐさめることができるなら、出家して修行を積む必要は
ありません。
　しかし、王さまが愚かな行動をとると、一国の運命はいうま
でもなく、自分の命を守ることも難しいでしょう」
　お釈迦さまは王さまの地位を特別なものだと考えず、民のこ
とを思いやる功徳こそが指導者にとってもっとも重要な資質で
あり、徳目だと強調なさいました。

　もともとお釈迦さまは一国の王として何不自由なく豊かな暮
らしを送っていましたが、世の人々の苦しみを目撃したあと、
人々がうらやむ条件をすべて捨てて出家しました。
　他人のものを奪って自分の暮らしを豊かにし、他人の地位を
奪って自分の出世をくわだて、他人の名誉を奪って自分の手柄
にする道に進みたくないと決めたからです。

　では、今からでも、みんなで一緒に幸せになるためには、ど

うすればいいでしょうか？

　たとえ競争社会にあっても、他人を押さえつけることなく、おまけに競争に負けても屈辱を感じない方法があります。

　それは、今自分がもっている人生の目標を、「1番」ではなく「2番」に置くことです。

　たとえば、出世する機会があったら、隣にいる同僚に「今回はあなたの番だと思います」と言うのです。

「そうしたら、自分だけ後れをとってしまいませんか？」

こう言う人もいるかもしれませんが、実際にはそうなりません。出世に欲を出すのをやめるだけで、仕事を怠けましょうと言いたいわけではありません。

　仕事は仕事でがんばって、出世や評価のときは1歩下がればいいのです。

　もしも、物を売りにいったのに、突然手ごわいライバルが現れたら、お客さんに「あの方の商品は優れていますよ。先にお買いになってはいかがでしょう」とすすめてください。

　これは必ずしもライバルのためではありません。むしろ、自分のためです。

　本心からそう思えたら、お客さんがどんな選択をしてもつらくありません。ライバルのほうに行ってしまっても、負けたと思いません。なおかつ、そこまで言ったのにお客さんが自分の

商品を選んでくれたとしたら、それはお客さんの選択であって、自分がライバルを蹴落としたわけではないですね。

　万が一、そのような方法は馬鹿げている、競争しながら生きていくしかないと考えているなら、その生き方の結果は引き受けましょう。

　今日は自分がライバルに勝っても、次は自分のほうが負けるかもしれません。もしくは、新たなライバルが出現するかもしれません。その報いは必ずどこかでやってきますから、どうせ返ってくるなら喜んで受け止めようと思えば、そこまで苦しくならないでしょう。

　このしくみに気づかないまま、どうにかして他人に勝とうとするから、人生に息苦しさを感じてしまうのです。

　勝つ気持ちを捨てれば、どこで誰と何をしようが焦る必要もなくなります。

欲望は後戻りできない

　その昔、食べ物がなかった時代には、みそ汁に白いご飯があれば十分でした。食べ物に困らなくなってからは、次は着飾ることが流行りました。その次はいい車に乗ること、家を買うこと……。このようにどんどんレベルが上がっていきます。

　食べ物に困らず、物質的にもずっと豊かな時代になったというのに、欲しいものは増える一方。すでに多くのものをもっているのに、まわりと比べるとまだまだ足りない気がします。

　今、経済がどれだけ悪くなったとしても、100年前よりも倍は豊かでしょう。それなのに、私たちの心は不平不満が増え、苦しみも大きくなりました。その理由は経済のレベルに対する期待がそれだけ高まったからです。

　こんなときこそ身を引きしめ、ひかえめな暮らしを目指すべきです。今のようにお金を湯水のように使っていては、たった1つしかない地球の環境も脅かしてしまいます。

　人間の欲望は大きくなる一方です。たとえば、いつも徒歩で通っている道も1度車を使ってしまうと、それからは歩くのが嫌になってしまいますね。

　また、1度豪華なバスに乗ってしまったら、次からは普通の

バスに乗るのが嫌になります。それが人間の心です。

　快適さとスピードを味わうほど、前の生活に戻ることが難しくなるのです。

　自分は買い物依存症なのではないか、という大学生が私の元にやってこられました。

「私は同年代の友人よりお金のつかい方が荒いようです。欲しいと思うものがあったら、アルバイトで稼いだお金をすぐにつかってしまうので、まわりの友だちよりもお金がないわけでもないのに、お金が少し減っただけで不安になります。そう感じる一方で、なにか買わないと心が満たされません。まだ学生なのに、このままでいいのでしょうか？」

　自分は買い物依存症で問題があると認識しているということは、今の状態が幸せなのではなく、つらいという意味なのでしょう。買い物をすることで、自由になって幸せだと感じるならかまいませんが、つらいのにやめられないのは消費に依存しているからです。

　今はちょっとつらいと感じる程度でも、時間がもう少し経ったらやめたくてもやめられなくなるかもしれません。

　私は立派なお宅に招待されたら、家のなかをサッと見渡してから「ああ、これは掃除が大変だろうな」と思うようにしてい

ます。

　広ければ広いほどいいと考える習慣を捨てなければ、もっと大きくて新しいものが欲しくなります。最終的には借金をしてでも、それらを手に入れようとします。

　心に不安を抱えていたり、欲求不満があると、なにかに依存する確率も高くなります。あるものが欲しいという気持ちが我慢できなくなり、もっともっと欲しくなります。

「もっと○○が必要だ」「もっと稼がなくては」こういった思考はお金に支配され、依存している状態です。

　極端に依存がひどくなった場合、なにかおかしいなと思いつつ、お金が稼げるなら怪しい儲け話などにも引っかかりやすくなります。2倍、3倍のお金が稼げるという声に気持ちが揺れるわけです。

　一般的に違法で非倫理的だといわれている仕事に最初から好きで就いている人はほとんどいません。ほとんどの人はお金が必要で「最初の最後」という気持ちで始めます。そこで稼いだ分で数カ月は暮らせそうなものなのに、収入が増えると「ますます欲しい気持ち」が加速します。

　そのため、問題だと感じたら、取り返しのつかない状態になる前にやめておかねばなりません。

　依存が悪化すると、考え方も変わります。自分で自分をだますようになります。自分がどう変わるのかは自分でわかるというのはほぼ不可能。そのため、問題だと感じた最初の時点で、すぐさま引き返しましょう。

　たとえば、ウサギは夏より冬のほうが罠にかかりやすいのです。それだけ食べ物に困っているから。

　人間も同じで欲望に支配されているときは、大きく損をするかもしれないといった危険を薄々感じていても止まらなくなります。

　お腹をすかせている人相手には食べ物が、物欲のある人には賄賂（わいろ）が、権力欲のある人にはお世辞がいちばん通用します。

　欲に目がくらんだら、正しい選択ができなくなります。まるで目の前にぶらさがったニンジンを見て暴走してしまうように……。

「必要十分」という生き方

　人は欲求が満たされれば幸せだと思い、反対に欲求が満たされなければ不幸だと感じる——ということを、くり返しご説明してきました。

　ここでいう幸・不幸は、すべて欲求から派生したものです。食べたい欲求、着飾りたい欲求、所有したい欲求、勝ちたい欲求など、欲求は数えきれません。しかし、個人の欲求がすべて満たされるのは現実的に難しいですね。

　家庭をたとえにあげてみても、子ども、夫、妻がそれぞれ自分の思いどおりに暮らしたら関係がギクシャクし、家族全員が苦しくなってしまうでしょう。つまり、欲求を追いつづけると、最終的には自分はもちろん、他人にまで大きな損害を与えてしまいます。

　だからといって、欲求をもつことじたいが悪いわけではありませんよ。人間なら誰でも欲求があるのが当たり前で、欲求が人生のモチベーションになることだってありますね。

　ただ、「欲求の境界線」に対する理解が必要です。どういうことかご説明しましょう。

　欲求は3つ存在します。

　1つ目は「生存的欲求」です。お腹がすいたら食べ、眠たか

ったら寝て、寒かったら暖かい場所を探し、暑かったら涼しい場所を探すという生存のための基本的欲求を指します。

　基本的欲求が満たされなければ生きていくことができません。個人が守るべき権利であり、社会的にもこの欲求を保障すべきでしょう。

　2つ目は「相対的欲求」ともいえる「欲望」です。

「もっとおいしいものが食べたい」「他人よりもっと多くのものを所有したい」「もっと楽に暮らしたい」といったことが「相対的欲求」。どれも他者や過去との「比較」によって生まれるため、どこからどこまでと決めることができません。

　そのため、欲望はある程度おさえる必要があります。追い求めつづけても満たされることがないので、ほどほどにすべきであり、社会的にも規制が必要です。

　最後は「行きすぎた欲求」といえる「貪欲」です。

　過食する人のお腹はふくれても、体にはよくありません。

　飲みすぎ、働きすぎといったことはすべて、貪欲に属します。

「貪欲」は自分を痛めつける行為です。貪欲を捨てて自分を大切にするべきで、社会は個人の貪欲を規制し、社会全体を守る必要があります。

ある会社員は、質素に暮らしたいけれど現実的に難しい、とおっしゃいました。

「以前はお金もたくさん稼いで、成功した人生を追い求めていました。そんななか、お坊さんのお話を聞き、これからは質素に暮らしてみようと考えるようになりました。しかし、現実は家庭ももちたいですし、結婚したら車や家も買う必要が出てくると思います。だから、お金を貯めることはやっぱり大事だと思うのですが……」

　食べたいものを全部食べることは体にいいですか？　それとも、悪いですか？

　体のために食べるのに、おいしいものと体にいいものが違うこともあります。おいしいけれど体によくないものもあれば、苦いけれど体にいいものもあります。

　健康のことを考えたら、食べたくても我慢しなければならないときもあれば、ときには食欲がなくても食べなくてはいけないときもあるでしょう。

　食べるときは健康を一番に考えるべきで、食欲に振り回されてはいけません。

　身にまとうものの場合も同じです。衣服とは体を守るために着るものです。寒いときは暖かいものをまとい、日差しが強い日は肌を保護するために服を着ます。

　しかし、俗にいう高価なブランド品を身につけている人の中には服が汚れるのを恐れて、気にしすぎる人もいるようです。そうなると、服は自分の身を守るためのものではなく、自分が服を守らねばなりません。自分が服の奴隷となってしまうのです。

　住む家も一緒です。家が広くなって家具や貴重品が増えると、家は自分を守るためのものではなく、自分が家を守る側になります。家が主なのか、自分が奴隷なのか……。所有したいという欲望に従うと、自分も知らないうちに主導権を握られてしまいます。

　若者が就職して、いつか自分の会社を起ち上げてお金を稼ぎたい、と考えるのは悪いことではなく、欲でもありません。ただ、**どんなに収入が増えても、質素にひかえめに暮らすことが真の豊かさへの道**です。

　健康のために食べて、服を大事に着て、公共の交通機関を利用するなどして、10万円使うところを5万円だけ使えばいいのです。

　ケチになれというのではなく、特に必要のないものにお金をかけないようにすればいいだけ。そうすれば、自然と貯蓄も増えますね。つまり、質素に暮らすことと未来のためにお金を貯めることは正反対の道ではありません。

<u>他人の基準に合わせるのではなく、自分の価値観をしっかり</u><u>もつことが重要</u>です。自分には車は必要ないと思うなら、まわりがみんな車をもっていたとしても徒歩またはバスを利用すればいい。他人ももっているから自分も買うといった必要は、いっさいありません。

　パートナーを選ぶときも同じです。自分の人生観から生涯をともにしたいと思う人に出会ったらその人と結婚し、出会えなければ無理に結婚する必要もないのですよ。
　こうした気持ちで暮らせば、仕事を探すときもお金に振り回されず、もっと稼ぐために無理して人生を無駄にする必要もなくなります。

　そして、自分の価値観を守ることも大切ですが、多くの人が暮らすこの世界では守らなければならない最低限のルールもあります。
　1つ目は、自分の思うままに暮らしてもいいのですが、他人に迷惑をかけないようにしましょう。人に暴力をふるったり、危害を加えるのはもってのほかです。
　2つ目は、誰もが自分の利益を追求する権利はありますが、他人の利益を侵害する権利はありません。人の物を奪ったり盗んだりしてはいけません。
　3つ目は誰でも人を愛し、幸せになる権利がありますが、他

人をいじめる権限はありません。セクハラや性的暴行は許され
ません。

　4つ目は誰でも自由に発言する権利はありますが、言葉で人
を傷つけてはいけません。相手の名誉を傷つけたり、嘘をつい
たりしてはいけません。

　最後は、お酒を飲む自由はありますが、お酒に飲まれ人に迷
惑をかける自由はありません。飲みすぎには注意しましょう。

　このように5つのいましめ（仏教の言葉で「五戒」といいま
す）を除いては、自分の好きなように生きればいいのです。

いつでも自分が主役になれる

　以前から私はメディアを通じて、個人の心構えが大切だという話をくり返ししています。すると、こんな質問が返ってきたことがありました。

「お話のとおり、自分が変わろうと努力すれば、そうした思いが集まって世の中が変わる —— という論理も必要だと思います。

　しかし、うまく機能していないシステムのせいで被害をこうむる人がいますし、犠牲になる人も増えて、それがさらに当たり前のようになっています。

　そのことには触れず、個人の反省だけをうながすのは間違っているのではないですか？　なぜ、システムをつくっている悪い人は反省しないのですか？」

　どんな環境であれ、私たちはそこで生きていかなければなりません。だからといって不当な現実をそのまま受け入れましょうというわけではなく、生きているかぎりはよりよい社会を目指して努力しつづける必要があります。

　しかし、世界はそうやすやすとは変わりません。**与えられた現実を受け入れつつ、一方でよりよくするための努力も求められる**と思います。

　私が個人の心構えが重要だという理由は、私たちの多くが
「置かれた場所で自分はどう行動しようか」という責任意識が
足りないと考えているためです。

　多くの人は幸せの条件を「外から」探そうとしています。た
とえば、子どもがよく勉強して、夫がお酒をほどほどにして、
妻が小言を言わなければ、まわりの世界が変われば、幸せにな
れると思っています。
　自分の思うとおりに相手は変わってくれるでしょうか？　愚
痴を言えば、世の中がすぐに変わってくれますか？　そうでは
ないですよね。
　それなら、自分は一生苦しい思いをするのか？　──これも
違います。与えられた条件を変えなくても、自分の心構えを少
しだけ変えれば、今いる場所で自由かつ幸せになれます。

　こんな話をしてみましょう。
　100粒の豆を砂利に植えたところ、芽が2つ出ました。この
とき、人はだいたいこう言います。
「見ろ、生き残るやつはどんな環境でも生き残るんだ」
　次にひと握りの豆を、肥えた畑に植えたところ、2つ以外は
すべて芽が出ました。今度はこう言いました。
「見ろ、死ぬやつはどうやっても死ぬんだ」
　結果がどうであれ、すべてを豆のせいにします。しかし、砂

利と畑にそれぞれ100粒の豆をまいたのに、砂利では芽が2つ出て、畑では芽が98個出たなら、それは環境によって種の生存率が変わるという話でしょう。

このように、**芽が出るためには種も大事ですが、畑の質も問われます。**これを人生にたとえたら、種は個人で、畑は社会です。つまり、個人の向上はいい種をつくる作業で、畑を耕すのはいい社会をつくるための下仕事だといえます。

私は毎年1月に聖地巡礼に行くのですが、毎回同じことが起こります。数百人と同じバスに乗って同じ宿に泊まって同じ場所で食事をしても、楽しいと言う人もいれば、つらいと言う人もいます。

トラックの荷台に乗った際には「わあ、こんな機会があるなんて！」と楽しむ人もいれば、「どうして私がこんなところに乗らなきゃいけないの？」と不満を言う人もいます。

もちろん、同じ人でもどんな環境に置かれるかによって気分が変わることがあるのもわかります。

しかし、どうせ変えられない環境なら、自分の心構えを変えて、昨日よりも今日もっと幸せになろうとしてみませんか。

たとえば、お酒が好きなパートナーと暮らし、長い間お酒をやめるように言っても変わらないなら「どうせなら、好きなだけたくさん飲めばいい」と思えば、自分が楽になれます。

相手の行動は変わりませんが、自分の考え方を変えれば幸せ度が上がります。

　ところで、このパートナーが毎日のようにお酒を飲む理由は何なのでしょう。

　もしかしたら、いくら一生懸命働いても暮らしが楽にならないからかもしれません。そして、その原因は社会にあるかもしれません。こうした場合には相手の気持ちに寄り添い、理解することも重要ですが、パートナーがお酒の量を減らせる社会に変える努力も必要です。

　現代のように格差が激しい時代には、お金に困っていない一部の層を除いて、ほとんどの人は不安を抱えています。

　以前より「相対的貧困」（訳注：その国の平均的な文化水準、生活水準と比較して、はるかに貧しい家庭の状態）がより増えているせいでもあります。

　こうした問題が解決すれば、少しずつよくなると思うのです。自分や相手の心を変えるのは個人ができることですが、社会のシステムを変えることは、みんなが力を合わせる必要があります。

2人の狩人が3羽のウサギを捕まえたら

人間は一定の収穫から、より多くの取り分を得ようと争っているのに、なぜ集まって暮らしているのでしょうか？

そのほうがいろいろと有利だからです。たとえば、1人で狩りをすると1日でウサギを1羽しか捕まえられないのに、2人で力を合わせればウサギ3羽だって捕まえることも可能でしょう。

ところが、複数の人が一緒に仕事をすると、取り分のことでもめることがあります。

個人が1人でなにかをつくっている場合は分配の必要がありません。しかし、2人以上の人間が協力しあう場合は、生産と同じく、分配もとても大切です。

それなら、どう分ければいいでしょうか？　ウサギを3羽捕まえた場合、2人で1羽ずつ分けあった後、残りをどうするかが問題になります。自分の分け前は最低1羽。しかし、最大は3羽ではなく、2羽です。

このとき、「自分は1羽欲しい」と考えるのは欲ではありません。これは「基本的な権利」といいます。しかし、できれば2羽欲しいと考えるのは「欲望」です。また、2羽じゃ足りない、3羽とも欲しいという考えは「貪欲」です。

貪欲は、相手に損をさせるばかりか、いつかそのツケが自分にも返ってきます。

　そのため、社会制度的にも規制が必要です。ここで注意すべき点は、「1羽欲しい」という基本的欲求は守られるべきだということです。

　もしも、自分が3羽分ぶんどって、相手は1羽ももらえなくなったとしましょう。相手は損をしたため、次からはあなたに協力しなくなります。つまり、自分が3羽もらうことは一見、利益のように見えますが、長い目では不利になります。

　したがって、分配する際は1羽から2羽の間をどう分けるかについて考えるべきです。できれば1.5羽ずつ分け合うのが理想ですが、現実的な問題があります。

　たとえば、今日は狩りのときに相手が怠けていたため、自分がいつもよりがんばったとします。それなのに同じように分けあうことになったら、不満が出るかもしれませんよね？

　そのため、場合によって分配は「1.2対1.8」になるときもあれば、「1.7対1.3」になることも考えられます。しかし、あくまでも、公平にするための努力を怠ってはいけません。

　現代社会で問題が起きるのは弱い人の基本的権利が保障されないまま、強い人の貪欲も規制されていないためです。そのせいで、命を脅かされる人々や相対的貧困に苦しむ人が多く存在

します。

　韓国では、本来、分配について社会的な合意を探るべき時期に、「新自由主義（訳注：国家による福祉・公共サービスの縮小、規制緩和などを特徴とする経済思想）だけが生き残る道だ」という認識が広まってしまいました。

　新自由主義のもっとも大きな特徴は、「競争に勝った勝者が、すべてを独占する」こと。「1人のかしこい人間が10万人を養える」という考え方です。

　みんなの競争をあおると、生産性はある程度上がりますが、そこには必ず限界があります。「もつ者」と「もたざる者」の格差が広がると、多くの人は働く意欲を失っていき、結果、社会全体の元気がなくなってしまうのです。

「悪い縁」を断ち切る勇気

　人間はラクをして収入が多いことを望み、能力が足りなくても出世したいと思い、努力をせずにいい大学に行きたいと考えます。また、遅れてきたのにいい席に座ることを望み、間違いを犯しても見逃してもらうことを望みます。

　しかし、立場を変えて考えてみたら、どうでしょうか？

　もしも、他人がろくに仕事もせずに高い給料をもらったとしたら？　能力もないのにみるみる昇進し、勉強もできないのに不正な方法でいい大学に入ったとしたらどうでしょう？

　そういう人間のせいで自分が苦労し、そういう子のせいで自分の子どもが大学に落ちたとしたらくやしいですよね。

　ところが、多くの人は自分の望みが叶うと、どこかで誰かが損をしているかもしれない……ということまでは考えが及びません。もしかすると「世の中、そんなものでしょ」「自分にさえ被害がなければいい」と考えることもあるでしょうね。

　社会生活のなかでは会社に強いられる、立場を守るために違法なことをやらされる、あるいは人を踏み台にしないといけないときもあるかもしれません。

こういう相談がありました。

「ニュースを見ていると、ときどき企業で裏金をつくって賄賂
を渡したことが発覚して問題になっていますが、恥ずかしいこ
とに私が勤めている会社でもそうしたことが行われています。

　怖くて見て見ぬふりをしていますが、こういった場合、私は
どうすればいいでしょうか?」

　自分と価値観が違うからといって、勤めている会社を必ずし
もやめる必要はありません。やめられない事情があるなら会社
をクビになるまで勤めあげて、そのなかで正しい道を進めばい
いと思います。

　また、他人に対して「間違っている」「それではダメだ」と
問題を指摘するから苦しくなるのです。

　こういったことはどこにいても似たような問題があると思い
ますが、他人を非難する前にまずは「自分は絶対にやらない」
と誓うことが大切です。

　自分はお金をいくらもらえても、非倫理的かつ違法な行為を
してまで会社にいるつもりはないと決めたら行動に移すか、あ
るいは会社をやめる決心もつかないし、会社の指示どおりにす
るしかないと思うなら、そこから来る報いを受ける覚悟をすれ
ばいいのです。

　不当なやり方でライバル会社に勝ったなら、いつかは自分も

そうして誰かに負けるかもしれません。

　また、会社のためにがんばったのに、違法な資金繰りが発覚したらその責任を１人でかぶることになるかもしれません。

　そういう可能性に対して、あらかじめ覚悟を決め、万が一そんなことが起きたときは、自分が築いた縁によって起きたことだと受け止める。

　そんな報いを受けたくないと思うなら、今、会社と縁を絶てばいいのです。それでも生きる道は、きっと他にあります。

　ある土木関連企業に勤めている人に出会いました。業界の特性上、ほぼ毎日、関係者に会って接待をしないと仕事をもらえないそうです。

　ところが、その人が仏教の勉強会に参加してから、お酒をいっさい断ちました。後に聞いた話によると、お酒を飲まなくても仕事に支障はなかったそうです。

　人はなにかを改善する前によく「現実的には無理ですよ」と言います。

　しかし、ほとんどの場合が、やってみる前にあきらめているだけ。先の男性も「お酒を飲まずにどうやって仕事をとってくるんですか？」と言っていましたが、実際には可能でした。

　どうしても酒の席に出ずにはいられないときは、顔を出してもお酒を飲まなければいいのですし、飲んでいるふりをして飲

まないという手もあります。

　また、お酒の席に行かない場合、はじめは他の会社よりも仕事が減るかもしれませんが、そんなことよりビジネスの実力をつける、いい方法はいくらでもあります。

　最初から「私は飲めないんです」と言い、なにがなんでもそれを貫きとおせば、最終的にはまわりもあきらめます。飲み会を抜けるときは「みなさん、ごめんなさい」と言っておけば、1年もすれば自然となにも言われなくなります。

　しかし、集まりを自分の都合で抜けておいて、査定の時期になったら出世しようとあちこち顔を出すのはまわりの反感を買いますよ。

　昇進のチャンスが訪れた際にも「あなたからお先にどうぞ」と言い、上司には「あの方から先にお願いします。自分は後でいいです。またチャンスはあると思いますので」と言えば、波風が立ちません。

　もちろん、最初は大きな抵抗にあうことでしょう。「やる気があるのか！」「出世に不利になる」というようなことをまわりから言われるかもしれません。

　それでも、あきらめずに自分が決めたことを守りつづければ、自分を取り巻く環境も変わり、秩序ができあがります。

　それができずにだいたい失敗に終わるのは、その前に自分が耐えられなくなってしまうからです。

人生を幸せに過ごすことがお金や出世よりも大事なら、勇気が必要です。ある程度の損失や非難はしばらく我慢しなければなりません。しかし、それがなかなかできません。

ほとんどが途中であきらめてしまいます。それは自分の人生のルールがしっかり定まっていないためです。

他人の声が気になるのは、自分が非難を避けたいから。非難されたくないから、他人の顔色をうかがってしまうのです。

もし、自分と会社のルールが噛み合わないと思ったら、うまくスルーする方法をお教えしましょう。掃除などの雑用は率先してこなし、みんなが嫌がる仕事を引き受け、競争を望まないことです。そうすれば、まわりから責められることもありません。

自分のルールは守りつつ、それ以外のことはゆずり、みんなが嫌がる仕事を引き受ければ、必ずあなたには味方ができます。

まずはあなたから幸せになりなさい

「自分が幸せになるためには誰かが不幸になってしまい、そうして得た幸せは永遠に続かない。真の幸せとはいったいどんなものなのだろうか？　みんなで一緒に幸せにはなれないのだろうか？」

　2600年も前に、お釈迦さまは出家する前にこうした疑問に悩み、所有欲にもとづいた人生は間違っていることを悟りました。

　つまり、絶え間なく所有しようという目標をもちつづけるかぎり、みんなで幸せになる方法はないという事実に気づいたのです。

　人間は誰もが幸せになるために一生懸命努力しています。しかし、幸せが欲望に根差しているかぎり、注いだすべての努力は不幸へとつながっていくという矛盾のなかに生きています。

　今日から自分が欲しいものを手に入れるだけではなく、他人にも幸せを分けてあげる人生を目指してみませんか？

　たとえば、自分はいいけれど、相手が不幸になる。こうした幸せは長続きしません。相手にとってはいいけれど、自分は犠牲になってしまうなら、それもまた自分が耐えられないでしょ

う。

　つまり、**自分もうれしい、相手にとってもいい、自分も幸せ
で相手も幸せになれる道こそ、長続きする幸せ**なのです。

　しかし、自分にも相手にとってもいい人生をつくるには、少
しばかり勇気と知恵が求められます。

　たとえば、会社で普段はポジティブに過ごし、不当な場面を
目にしたときは「部長、それはいけません」と堂々と言えなく
てはなりません。みんなが嫌がる仕事は黙々とこなし、大事な
瞬間に自分のルールを守る姿勢が必要なのです。

　ある会社員が自分の会社の雇用形態について悩んでいると言
います。

「私がいるチームは30人ほどなんですが、正社員は５人で、あ
とは全員契約社員です。正社員と契約社員とでは給料や待遇な
ど、あらゆる面で差があります。そのため、契約社員に対して
申し訳なさを感じてしまって……。

　それに再契約の時期が来たら、彼らのうちの何人かは契約が
打ち切りになるかもしれません。それを告げる役目が私なんで
すが、気が重いです」

　今の仕事をやめるわけではないのなら、与えられた仕事には
向き合いましょう。

　同じ量の仕事をこなしているのに、隣に自分よりも給料が低

い人がいたら、もちろん気になるとは思います。しかし、それが今の社会のシステムなので、自分が突然それを変えることはできません。

　自分に与えられた仕事なら、会社の方針を相手に正直に話し、また、できるだけ公平に評価することがベストだと思います。それでも誰かのうらみを買ってしまった場合は、そこから逃げずになんでも聞こうという気持ちでいるべきです。

　まあ、まだ何カ月も時間があるのに、今から心配する必要はありません。まずは、どうしたら1人でも多く雇いつづけられるかについて考えてみてはいかがですか?

　作業効率を上げるなど、一緒に働いている契約社員のうち、1人でも多く再契約できるようなアイデアを考えみませんか?

　そのほうが起こってもいないことをクヨクヨ悩むより、時間を有効につかえるでしょう。

　現在、私たちが暮らす世界は決して平等ではありません。それでも、平等に向けた努力をすることは大切です。

　現実を認めずに、平等だけを主張する場合は「理想論ですね」と一蹴されてしまうでしょう。

　不平等な現実に浸かっているとしても、そこにしっかりと立ち、よりよい世の中になるよう、目標をしっかり定めるべきです。

昔は男女間にも待遇面の差がありました。しかし、それを当たり前だととらえず、地道に努力した人たちがいた結果、しだいに差別は少なくなってきました。

　今後どうやって変えていこうかと工夫をすることで希望が生まれ、やがて変化につなげることができます。

　1つ忘れないでいただきたいのは、**誰がなんと言おうと、まずは自分が幸せになることが大切**だということ。

　それから、社会の変化に向けて動けば、いい相乗効果が回り始めます。ニコニコしながら常に前向きな姿勢で。人とうまくつき合い、自分が信じるメッセージを伝えていけば、あなたの味方も増えていきますよ。

　くり返しになりますが、効果はすぐに現れるわけではありません。世の中そううまくはいきません。

「うまくいけばラッキー」程度に考え、ダメでもやり方を変えて再びチャレンジすればいいのです。それで、がんばってもどうしてもダメなときは、スッパリあきらめればいい。

　今、行動に移してうまくいかなければ失敗だと考える人が多いようですが、必ずしもそうではありません。自分がなにかを始めたけれど、死ぬまでに叶わないかもしれない。でも、後輩や子孫に引き継がれていき、また誰かにバトンタッチしていく──それが自然な道です。

　難しく考える必要はありませんよ。

　他人のためを思う慈愛の気持ちを「利他心」と呼びますが、そこで「〇〇をしてあげるのは、あなたのためだ」と考え始めると、後で見返りを求めたり、相手をうらむ気持ちが生まれたりします。これは先述のとおり「自己犠牲」です。

　もっと素晴らしい道は「**あなたを助けることが、自分にとってもプラスです**」と考えることです。これを「**自利利他**」と呼びます。功徳を自分だけが受けとることを「自利」と呼び、自分のためでなく、他人のために尽くすことを「利他」といいます。

　花はミツバチに蜜を与え、ミツバチは花粉を運んで花を咲かせます。

　これが他人にとっても自分にとっても利益となる道ですね。

CHAPTER 5

他の誰の

ものでもない

「自分の人生」

人生では数々の事件が起こります。

死を目の当たりにすることもあれば

破産してすべての財産を失ったり

よく面倒を見てあげた相手に裏切られたりもします。

しかし、そのすべてはおのずと起こったことではありません。

だからといって、神さまが決めたことでも

前世に犯した罪のせいでも偶然でもありません。

ただ、その原因に自分が気づいていないだけです。

天気も同じです。

夏に雹が降ることもあれば

冬なのに春のように暖かい日もあれば

夏なのに冬のように寒い日もあります。

でも、平均的に見れば、夏は冬より暑く

冬は夏より寒いだけ。

前向きな気持ちでいれば、いいことが起きる確率が高くなり

反対に、後ろ向きな気持ちでいれば

悪いことが起きる確率が高くなります。

そのため、なにか問題が起きたときは
すでに起きてしまったことはいったん受け入れること。
そうすると、問題は解決へと向かいます。

過去の縁の報いをそのまま受け入れることにして
それが嫌だと感じたら、2度と同じ失敗を
しなければいいのです。
その次はそうなるしかなかった原因を探り
解決しましょう。

生きていくなかで直面する問題を避けずに
関心をもって状況をつかみ、原因を探りましょう。
すると、問題は試練ではなく
1つのチャレンジへと変わります。

複雑な世界をシンプルにする

　人はよく「これは合っているけれど、あれは違う」「自分は正しいけれど、あなたは間違っている」といった見方をします。そうして、いつも「いい悪い」を決めて、みずから境界をつくり、そこに自分を縛りつけます。

　花壇に咲いた花に目をやってみてください。色とりどりに咲いた花はお互いの美しさを問うことや競うことをしません。それでも、「バラはきれいなのに、サツキはなぜそうじゃないんだろう？」という考えが浮かぶなら、煩悩があなたの邪魔をしています。
「前世でいい行いをしたらバラに生まれ変わって、悪い行いをしたらサツキになるようだ」
　こうした見方で「前世」と言い、「運命」と言い、「天罰」という名前をつけるのです。しかし、バラはバラであるだけで、同じくサツキもサツキであるだけです。そこにはなんの意味もなく、いい悪いもありません。
　この世にはバラが好きな人もいれば、サツキが好きな人も、アジサイが好きな人もいます。それぞれの好みはバラバラです。
　ただ、「あの人はあれが好きなんだ」「この人はこれが好きな

んだ」といったように、「違うところ」を受け入れれば、心の
モヤモヤが晴れ、それで悩んだりケンカしたりすることもなく
なります。

「グーグル」に招かれて講演をしたことがあります。社員の1
人がこう質問されました。
「近ごろ、複雑で理解しがたい問題がたくさん起きていると感
じます。テロ組織の事件から中東の紛争、疫病まで、まるで世
界の終わりかのようです。これはいったい何なのでしょう
か?」

　こうしたことは古くから存在し、これからもずっと起こりう
ることです。
　この世はなにも複雑ではありません。ただ、自分の頭では世
界の変化を理解することができなくて、そう感じるだけです。
　国家と国家の対立は、力でねじ伏せて解決しようとするから
いつまでたっても解決しないのです。

　本来、まずは人間の心理について理解する必要があります。
まったくもって関係のない話に聞こえるかもしれませんが、敵
だと思える人たちが何を考え、どんな行動に出るかについて研
究する必要があります。

真っ先に考えるべきこと

　これは個人の場合も同じです。混雑しているバスのなかで誰かに突然頬を殴られたと仮定してみましょう。まずは腹が立って混乱すると思います。

　しかし、もし自分が先に相手の足を踏んでしまったことで相手の足の指が折れてしまったらどうでしょう。頬を殴られても「申し訳ありません」と謝るでしょう？

　相手の足を踏んでしまったことに気づかなかったときは、なぜ殴られたのかわからないから腹が立ち、ケンカに発展します。

　誰かから嫌な目にあわされた場合のかしこい対処法は、「いい・悪い」をいったん置いて、自分のしたことを振り返るのです。

「自分だけが正しい」と思い込み、相手を責めたことが相手を傷つけ、怒らせていませんか？

　個人の問題も、社会の問題もまずは自分に原因がないか探ってみることで前に進むことができます。

　他人のせいにだけしていては、解決の糸口を見つけることはできません。

　万が一、原因を探せなかったとしても感情的に対応しないこ

とです。そうすることで大きなトラブルを防げます。

　とっさに感情的に反応せず、まずは自分がなにかしたのではないかと考えてみる。これは簡単ではないと思いますが、とても大切なことです。

　もちろん、腹が立つことがあっても自分の問題だと抱え込み、泣き寝入りする必要はありません。感情に流され、本質を見失わないようにすればいいのです。

　やられた分、同じようにやり返そうという考えは、敵が新たな敵を生み、暴力が新たな暴力を呼ぶ方法です。

　腹が立つことや人に傷つけられることがあったときは、相手を責めるのをいったんやめ、自分と同じ被害者が出ないようにという気持ちで始めましょう。

目隠しをしてゾウに触れる人たち

　人は物事を見る際、主にその一面だけを見て判断しがちです。自分の立場から、親の立場から、韓国人の立場から……。それで物事の全貌を理解したと勘違いします。

　これは結局のところ、偏見なのですが、当事者は自分なりの考えだと主張します。

　人は「自分の考えだ」と信じている、それぞれの「メガネ」を通してものを見ています。

　そして、そのメガネで見た現象を「正しい、間違っている」と判断しているのです。

　これは目かくしをした人々がゾウの体の一部に触れ、それがゾウのすべてだと言っているようなもの。

　ゾウの足をなでて柱だと言い、鼻をさわってこれはヘビだと言う。

　このように、人は常に自分から見た狭い範囲をとりあげて、「これこそ真理だ」「これこそ正義だ」と言っているのです。

「裏はどうなっていますか?」

　これまで私は多くの人々の悩みにお答えしてきましたが、私は必ずしも答えを言うのではなく、みなさんの物事の見方を変えて、もう1度見ていただくお手伝いをしています。

　表を見ている人には「裏はどうですか?」とお聞きし、上だけを見ている人には「下はどうですか?」とお聞きします。

　つまり、「全体を見てください」と申し上げたいのです。

　物事の一面だけを見て判断することを「偏見」といい、全体を見ることは「洞察力」または「知恵」と呼びます。

　一面だけを見て「これだ」と思った考えをいったん横に置いておくことで、自分が問題だと思っていたことが実際は問題ではなかったことに気づきます。

　こうして、**物事の全体を見る知恵が備われば、苦しみがスーッと消えていきます。**まるで、真っ暗な部屋で明かりをつけたとたん、明るさに包まれるように……。

　仏教の悟りというのは、先のゾウのお話のような、自分なりの偏見を捨て、しっかりと全体を見つめることを指します。

　自分自身と他人を同時に見つめ、自分の家と隣の家を同時に見つめ、自分の国と相手の国を同時に見つめることこそが、「悟り」といいます。

この世は本当に不公平か

　ある日、1人の青年が「今の世の中は不公平です」と言いました。

「僕は背が170センチしかなくて、こんなにブサイクです。背が180センチあって、顔だってカッコいい人もたくさんいるのに……。

　それに、この世にはお金持ちと貧乏人がいて、幸せな人と不幸な人がいますよね？　これはこの世の法則でしょうか？

　神さまや仏さまが言う世界とはこういうものなんですか？」

　人はどうして他人と比較して自分は恵まれていないと感じるのでしょうか？

　男性に特権が与えられていて、女性は差別されている社会に女性として生まれたとしたら「どうして私は女に生まれたんだろう？」とくやしく思うでしょうね。

　しかし、本質的に女性と男性のどちらに生まれたとしても、それじたいに「よし悪し」はありません。ただ、その社会が女性を差別しているため、「自分は女に生まれて損だ」と不満がつのるのです。

　そもそも男性と女性の地位に差がない社会であれば、こうした悩みじたいがなくなるでしょうね。

　したがって、男女を差別する社会が問題なわけで、女性として生まれたことが間違っているわけでも、不公平なわけでもありません。

　ときに、障害をもつ人が不満をもらすのは、この社会が彼ら・彼女らにそう思わせたり、不利益を与えたりしているからであって、障害じたいが悪いわけでも、ましてや前世の罰などでもありません。

　前世でたくさんの貢献をした人間がお金持ちに生まれ変わるといった話も、自分の富を正当化しようとする支配者の言い分にすぎません。

　これまでの宗教において「神さまを信じないから、罰が当たる」「前世で犯した罪があるからだ」などと、間違った教えがまかり通ってきた面があると思います。

　しかし、イエスさまも仏さまも男女差別はやめましょうと説いてらっしゃいます。また、障害があるという理由で人を差別してはいけない、肌の色が異なる人を差別してはいけないとも……。

　現代社会には背の高い人がかっこいいという価値観が存在するため、相対的に背の小さい人が「劣った人」だと見られがちです。しかし、背が高いなら高いなりに、低いなら低いなりに

それぞれ意味があります。

　背が高いから得意なこともあれば、背が低いからこそできることもあります。あっちの人は背がちょっと高めで、こっちの人はちょっと低めだとするなら、それは「お互いに背丈が違うだけ」です。

　ゾウは恵まれているから大きくて、ネズミは罪深いから小さいわけではありません。自然には不公平は存在しません。ヘビがカエルを捕まえて食べるからといって、カエルは悪者で、ヘビがいいやつではありません。

　ただ生き物の種類が違うだけのことですね。

お釈迦さまの「人を助けるルール」

　人が物事の全貌を見ることができず、偏見にとらわれる理由
は、社会・環境のせいでもあります。韓国は世界で唯一の分断
国家です。停戦協定が結ばれているだけで、またいつでも戦争
が起きる可能性があります。

　分断後、70年以上の時が過ぎているため、国民の多くは戦争
の脅威をさほど感じていませんが、政治、経済、社会の発展と
いった面で制約があるのは確かです。

　南北の統一が実現し、自由な考えを妨げる障壁がなくなるこ
とで、初めて自由な発想ができ、創造的な未来を描けるのでし
ょうね。

　私の頭のなかにあった分断の壁が崩れたのは1996年8月、中
国を訪れたときの出来事がきっかけでした。そのときにガイド
をしてくれた朝鮮族（中国に住む朝鮮民族）の青年が私に「北
朝鮮の子どもたちが飢えているのです。どうか彼らを助けてく
ださい」と言いました。その話を何度聞いても私は「あり得な
いことだ」と思い、信じませんでした。

　しかし、彼がしつこく「事実なので確認してみてください」
と言うので、私は「まさか」という気持ちで鴨緑江（訳注：
中国東北部と北朝鮮の国境の川）に船で向かいました。する

と、北朝鮮側の川辺にはガリガリの子どもたちが力なく座っていました。あまりに驚いて声をかけましたが、子どもたちが反応することはありませんでした。

　普通だったらお腹をすかせた子どもたちは知らない人が通りかかったら、あめ玉1つでもくれとついてくるはずですが、そこにいた子どもたちがなんの反応もないのが気になりました。

　ガイドの青年に聞いたところ、北朝鮮の子どもたちは小さいときから外部の人間に物乞いをしてはいけないと国から教育されているのだそうです。

　そこで、私はそのとき持っていた食べ物を子どもたちに投げようとしました。すると、ガイドの青年に「ここは国境なのでいけません」と止められました。

　とても胸の痛む経験でした。鳥だってそこに食べるものがなかったら、こっちに渡ってくるだろうに、ただそこに国境があるというだけで飢えている人たちに食べ物を分け与えることもできないのかと。

　私が人を助けるときの原則は3つです。
「お腹をすかせている人には食べさせ、病気の人は治療を受けさせ、小さな子どもには教育を受けさせる」

　これはお釈迦さまの最後の遺言に登場する内容でもあります。

弟子の１人である阿難が「お釈迦さまが亡くなったら、どなたにお祈りすれば大きな功徳が得られますか？」と聞いたところ、お釈迦さまはこうおっしゃいました。
「同じくらいの功徳が得られるお祈りは４つあります。
　１つ、お腹をすかせた人に食べ物を与えること。
　２つ、病気の人に薬をあげて治療すること。
　３つ、貧しくてさみしい人を助け、慰めること。
　４つ、まじめな修行者を守ること」

　この地球上には食べる物に困って餓死する人、餓死まではいかなくても栄養失調におちいっている人もたくさんいます。地球の人口は70億だといわれていますが、そのうちの約20％が１日中働いても１ドル（約110円）ももらえない貧困者だそうです。また、そのわずかな金額で家族も養わなければなりません。
　彼らは食べていくのが精いっぱいな上、栄養失調が深刻です。教育どころか、病気になっても治療すら受けられません。
　パラチフスのような比較的軽い病気は数千円、結核も１万円もあれば治療できるのに、治療費がなくて一度病気にかかったら死ぬしかない状況です。

なぜ「情けは人のためならず」なのか

　他人の苦しみを聞いたとき、一般的に人間が見せる態度は大きく2つに分かれます。

　1つ目は避けること。こういう人は自分が同じことを経験するまでその苦しみを理解することができません。

　2つ目は悲しみに共感し、心配すること。他人の痛みを理解できないよりはいいですが、自分の考えにとらわれているという点で共通点しています。いずれの場合も苦しんでいる人にとって助けにはなりません。

　それなら、苦しんでいる人々と一緒に悲しむよりも「自分はまだ健康で暮らしていけるのだからありがたい」と感謝の気持ちをもって、1人でも助ける道を探すべきです。

　困っている人々を助けようと呼びかけると、こういう答えが返ってくることがあります。

「こっちだって大変なのに、他人を助けている場合ではない」

「この国にも貧しい人がたくさんいるのに、なぜ彼らを助けないといけないのですか？」

「自分がなにかしたところで、なにも変わらないですよ……」

　自分の力では1人しか助けられないのに、助けを必要として

いる人が10人もいたら、自分の力不足が身に染みますね。

　それでも、自分にできることだけすればいいのです。自分のできる範囲で１人でも２人でも助けてみてはいかがですか？

　このとき、10人助ける力が欲しいと願を立てるのもおすすめです。欲張らずに願を立てれば、すぐには１人しか助けられなくても、いつか10人助ける力ができるでしょう。

　また、もっと大きな願を立てたら、100人助ける力がみなぎり、新しい道がひらけるでしょう。これは自分の誠意にまわりが感動して、賛同してくれるからです。こうなったら、思いもかけない奇跡のような出来事も起きるでしょう。

　人から愛情をもらったり、助けてもらったりするだけが幸せではありません。たとえ経済的に裕福になれたとしても常に自分の外側に幸せを求め、精神的な貧困から一生脱け出せなくなります。

　たとえば、生活が苦しいなか、友人が毎年10万円をくれたとします。そのときの自分の気持ちはどうでしょう？

　お金をもらうために友人に会うときの気持ちはどうでしょうか？

　後ろめたさで友人の顔色をうかがうようになるかもしれません。また、友人の頼み事は、できない相談だと思っても、正義に反することでも、断れなくなります。

　他人からもらうことだけを考えることは、その分だけ、誰か
に従って生きることを意味します。

　そのため、時間が経って暮らしがよくなると、過去を葬りた
いという理由から、苦しいときに助けてくれた人をおろそかに
するケースもよく聞きます。

　また、他人に助けてもらっている人というのは、その人が相
手にとってかわいそうな人、弱い人だということです。つま
り、なにかと他人の手を借りたがる人は、自分の存在を弱い立
場におとしいれているのです。

　反対に、他人に分け与えれば、お金持ちにはなれなくても心
が豊かになります。

　食べ物が必要は人にはごはんをご馳走し、服が必要な人には
余っている服をあげ、転んだ子に手を差し伸べるのもすべて分
かち合いです。小さいことの積み重ねで、与えたものよりもそ
こから得るものがずっと多いはずです。

「ああ、自分の悩みはなんてちっぽけなんだろう」

「自分は恵まれているのかもしれないな」

　**他人を助ければ、小さなことにこだわって悩んでいた心が感
謝の気持ちに変わり、たちまち幸せになれます。**これが他人を
助けることの「功徳」なのです。

インドで何ができるか考えた

　私は毎年1月、お釈迦さまの足跡をたどるためにインドの聖地巡礼に向かいます。巡礼の途中、子どもたちが真っ黒な手を差し出し「バクシーシ、バクシーシ（訳注：喜捨の意。お金をもっている者が貧しい者に施しをする習慣がある）」と言いながら物乞いをしているのを見かけます。

　慣れない旅行者は、かわいそうだとポケットから1ルピーを取り出し、彼らにあげます。

　しかし、どうしたわけか、最初はかわいそうだと一生懸命お金をあげていた人々がしばらくすると怒り出します。その理由は、子どもたちが何度もお金をねだりにくるからです。

「さっきあげたよね？」

「あの子にはあげないで。さっき私があげたから」

　あげた金額はせいぜい10円程度。小銭を1枚あげておいて、相手が2回もらおうとしたら怒ります。これが現在の人助けのレベルです。

　誰かを助けたいという気持ちでいても、状況や条件にとらわれず、同じ気持ちをもちつづけることは思ったよりも難しいようですね。

　ところで、仏教に登場する地蔵菩薩は地獄にいる衆生を全員

救いたいと願った仏さまです。

　普通なら地獄に落ちた人間を救うことも難しいと思いますが、同じ人間が2度、3度過ちを犯して地獄に落ちたら、普通は「こいつは以前も救ってやったのに、また来たのか。もう救ってやる必要はない」と考えませんか？

　地獄に落ちた人をなんとか助けたのに、悪さをしてまた落ちてきた。再び救ってやったのに、また落ちていく姿を見たら「次からあいつは除外しよう」となりますね。

　しかし、地蔵菩薩は並みの仏さまではありません。地獄に落ちたのは彼らの問題であり、救ってやるのは自分の勝手だからと言い、今なお地獄に落ちた人々を救いつづけているのです。

　私がインドの最下層カースト（インドのヒンズー教における身分制度）とされる人々のサポートを始めたきっかけは、1991年にお釈迦さまの足跡をたどる旅に出たことがきっかけです。

　インド東部の大都市コルカタに到着した日のこと。水を買いに出たところ、1人の女性が子どもを抱いたまま、物乞いをしていました。

　私を見るなり、袖を引っぱったのでついていったところ、小さな店に置いてあるミルクの缶を指さしました。

　「あれを買ってほしいのか」と思い、店主に値段をたずねました。店主は60ルピーと言いました。

　しかし、旅に出る前の事前研修で「物乞いには絶対に1ルピ

ー以上あげてはならない」「インドでは１ルピーも大きな金額
だ」と言われていたので、60ルピーはとてつもなく大きな金額
に感じられました。驚いた私はミルクを買わずにそのまま帰っ
てきました。

　水を２本買ってゲストハウスに戻り、ガイドをしてくださっ
た先生に「60ルピーは韓国のお金でいくらですか？」と聞きま
した。すると、約2400ウォン（約240円）だというのです。

　その瞬間、頭を殴られたような気がしました。あの女性は
2400ウォンのミルクを買ってほしいと言ったのに、私はまるで
全財産を欲しいと言われたように驚いて帰ってきてしまったか
らです。

　それまで私は貧しい人を助けるべきだと社会運動も行ってい
ましたし、お寺でも困っている人を助けるべきだとお話しして
きました。それなのに、実際目の前で起こったことに目を背け
てしまった――私はそのとき、自分の矛盾した姿に非常に大き
な衝撃を受けました。

　私はすぐに荷物を整理し、最低限の服とお金を残して、あと
はすべて分け与えました。すると、子どもたちが私たちの後を
追いかけるようになり、一緒に行った人に不満を言われまし
た。

　それからまた数日後、ある田舎の村を通りかかったところ、

子どもたちが集まって遊んでいました。あめを取り出して子どもたちを呼んだところ、笑いながら逃げていってしまいました。

　私はまたびっくりしました。

　よくよく見ていると、子どもたちは貧しいから物乞いをしていたのではなく、旅行客がなにかをくれるから物乞いを始めたのです。

　田舎の村にいた子どもたちは貧しいけれど、それまでくれる人がいなかったから、物乞いという行為じたいを知りませんでした。それで、私があめをあげようとしたら恥ずかしがって逃げていったのです。

　そのとき、「こちらがあげるから子どもたちが物乞いを始めたのか。なんでもあげるからっていいことではないんだな」ということに気づきました。それから「今度からは絶対にあげないようにしよう」と誓いました。

　また後日、別の寺院を訪れたのですが、今度は足がないため両手で地面をはって移動している子どもが物乞いをしていました。

　私がなにもあげずにいると1キロメートル以上、後をついてきました。

「あの子はボールペン1本、ガム1袋、あめ1つをもらおうとあんなに必死なのに、なにもあげないことが正しいのか?」

こう思い、そのとき再び私の考えは変わりました。

　結局、これは子どもたちの問題ではなく、自分の問題でした。「自分も反省しつつ、彼らが物乞いをしなくてもすむ方法はないか？」と考えさせるきっかけとなったのです。

　そこで、貧しい人たちが住む村に学校を建て、井戸を掘ることを始めました。試行錯誤の末、行きついた答えがいいことをするきっかけとなったのです。

　初めから分け与えていたなら、こんなことを思いつきもしなかったでしょう。

　過ちを犯したと思ったら、それを反省し、真の愛と慈悲に発展させればいいのです。

さあ、自分の才能をどこに活かそう?

　人が喜びを感じる方法は2つあります。

　1つは自分が好きなことをするとき。もう1つは困っている人を助けるとき。

　しかし、現在の楽しみだけを追求しすぎると、未来に後悔したり、むなしさを感じたりするかもしれません。

　反対に未来の利益ばかり考えすぎると、今が楽しくなくなってしまいます。

　そのため、もっともいいのは今も楽しく過ごせ、後になっても利益になる道を探すことです。

　また、他人にとっても、自分にとっても利益となることも重要です。

　そうなるためには、困っている人にとって必要なことを仕事にすることです。こうして、仕事も楽しみを得られたら、仕事が終わったあとに他の場所でストレス発散する必要もなくなり

ます。

　自分がもって生まれた才能をどう使えば、もっとも世の中の役に立てるでしょうか。

　韓国では1000ウォン（約100円）でできることが非常に限られていますが、インドでは1000ウォンあれば５人の子どもをお腹いっぱいにできます。

　だから、私は人々がもっとも困っている地域に行くようにしています。もっとも効果があり、やりがいも感じられるからです。

　誰にでもその人だけがもって生まれた才能があり、好きで得意なことがあると思います。

「自分の才能はどこに必要なのかな？」

「どう使ったら、より効果的かな？」

　自分の得意なことを活かすことができれば、人生が楽しくなる上、自尊心も高まります。

「自分は誰からも必要とされない。いっそのこと死んでしまおうか？」などといった悲観的な考えも起きなくなります。

「自分がもっとがんばって、誰かのためになろう」という気持ちで生きているからです。

　自分の才能を活用することは職業を選択するときもかかわっ

てきます。

　ある人が、幼いころは家が裕福でなかったため、とにかく給料が高い仕事を見つけようと思いました。

　しかし、給料がたくさんもらえる仕事は、それだけ要求されるレベルも高くなる。それに、家族やまわりからの期待も大きくなり、仕事がきつく支出が多くなります。それで、つらくてもなかなかやめられなくなって職場に縛られます。これでは自由な人生だといえるでしょうか？

　会社名にこだわったり、まわりを意識したりするより、むしろこの世にとって必要な人間、この世の役に立つ人間になるんだという気持ちで生きてみてはどうでしょうか。

人生がみるみる輝きだす「時間のつかい方」

　ある日、１人の主婦が「やる気がなくて困っています。どうすれば今からでも自分のやりたいことができますか」と相談にいらっしゃいました。

「会社にも勤めてみましたし、他にあれこれやってみたのですが、それも満足できなくて……。子どもたちが学校に通いだしてから時間的にも余裕ができたというのに、いつも『どうして自分は幸せじゃないんだろう？』と悩んでいます。

　考えてみたら、いつのまにか自分の夢がなくなっていたことに気づきました。今からでも自分の夢に向かって生きることは可能でしょうか？」

　仕事を得て給料をもらうこと＝自己実現ではありません。

　もし、パートナーが稼いできたお金で暮らせるなら、もっとお金を稼ぐことや、高い服を買うことや、いい家に住んだりすることにジタバタせず、ごはんをつくったり、掃除したり、お腹をすかせた人々に昼食を提供するボランティアをしてみてはいかがでしょうか？

　そうすれば、自然とイキイキし、喜びを感じられることでしょう。

　心の底から自分の人生を変えたいと望むなら、３つの方法を

実践してみてください。

　1つ、もっているお金を貧しい人に分けてあげましょう。
　2つ、まだ見ぬ幸運が来ることを願うのではなく、これまで人から受けた恩に感謝してみましょう。
　3つ、過去の恩返しとしてボランティア活動を始めてみましょう。

　こうして少なくとも3年、ボランティア活動に取り組んでみたら、どういう方向であれ、道がひらけるでしょう。その後は再び就職してもいいのでは？
　お金をもらえないボランティアだってがんばれたのだから、きっとなにをやっても楽しいでしょう。

　私はいつも世の中の役に立ちましょうと申し上げていますが、自分の幸せもなにもかもあきらめて、お金も捨てて出家しましょうと言っているわけではありません。
　ただ、**人生で与えられた時間が100だとしたら、80くらいは現在の暮らしに忠実でいて、残りの20くらいはなにか世の中の役に立つことをやってみてはどうでしょう**とご提案しています。
　たった20パーセントだけ。
　それだけで人生を豊かにすることができます。プラスのエネ

ルギーがみなぎり、残された80パーセントの時間でもっと多くのことができるようにもなるでしょう。たとえ皿洗いをしても、掃除をしても、会社に勤めても、いつでもどこでも楽しく生きることができます。

「今だって食べていくのに精いっぱいです。忙しくて寝る時間もないのに、人のための時間をつくるなんて……」
　最初からまとまった時間をとるのが難しい人は、１日１時間から始めて少しずつ増やしてみてはいかがでしょうか？
　ちょっとだけ仕事を早めに切り上げたり、ショッピングやテレビを観る時間を減らしたり……時間をつくることは不可能ではありません。
「自分の余暇の時間がなくなったら、不幸せになるのではないですか？」と言う人もいますが、そうではありません。
　人を助けることにやりがいが感じられれば、時間的、体力的に多少キツくても、かならず満足できるものです。

どんなときもあなたは幸せを選べる

　たとえ親に捨てられても、離婚しても、浮気されても、誰もが今すぐ幸せへの道を選択することができます。

　しかし、世の中には自分が不幸である理由を並べて、「なんて私は不幸なんだ」と決めつけている人の多いことか。

　私は自分が誰よりも幸せであるという自信があります。それは、他人よりも優れた能力があって、素晴らしい才能をもっているからではありません。

　歳がいっていますが、若い人よりも幸せです。独身ですが結婚している人より幸せです。健康に少し問題がありますが、健康な人よりも幸せです。

　皆さんもこうした幸せのコツを1つずつつかんでみてください。

　もちろん、人間は完璧な存在ではありません。怒ったり、イライラしたり、欲張ることもありますが、「それでも自分は幸せだ。怒ったりもするけれど、自分はあまり怒らないほうだ。自分だってつらいけれど、もっとつらい人だっているはずだ」という気持ちをもってみてください。

　幸せと不幸は、いったい誰がつくるものでしょうか？

　それは、すべて「自分」です。**自分以外に自分の人生の責任**

を取れる人物は誰もいません。

　試験に落ちても、失恋しても、大事な人に先立たれても、それでも幸せであるべきです。どんな理由であれ、「自分の人生にはつらいことしかない」というのは人生を無駄にしています。

　いくら悲しくて、つらくても、幸せになる権利がある——このことを人生のルールにしましょう。

　自分の人生が幸せか不幸かどうかは自分が決める、ということを忘れないでください。お釈迦さまは幸せについて、こうおっしゃいました。

　幸せは自分がつくるもの
　不幸も自分がつくるもの
　真にその幸せと不幸は
　他人がつくるものではない

どんな状況であっても、今、まっさきに自分が幸せになりましょう。あなたは今、自由になるべきなのです。

　自分が抱えている「不幸」という名の荷物をおろして、他人の痛みにも目を向けてみましょう。
　1カ月に数時間、もしくは1年に数日は自分の才能を、対価を受け取らずに他人のため、あるいは世の中のために使うようにしてみたらどうなるでしょうか？
　自分だけが幸せに暮らせればいいと考えるのではなく、この世に必要な人間、この世のために活躍する人間になろう、という気持ちで生きましょう。

　これこそ「私が幸せになる権利」をつかう道なのです。

訳者あとがき

　本書の著者であるポムリュン氏は1953年に韓国・ウルサン（蔚山）で生まれ、16歳からキョンジュ（慶州）で仏教僧になる修行を始めました。その後、独自の布教を行うため、1988年には浄土会という団体を設立し、以来、さまざまな活動を行ってきました。

　ポムリュン氏が世に知られるようになったきっかけは「即問即説」というタイトルの講演。観客の悩みを聞き、氏がその場で答えを示す形式で、どんな悩みにも親身かつ明快に答えを導き出す姿が話題を呼び、2012年には韓国のテレビ局・SBSの人気番組「ヒーリングキャンプ」にゲストとして招かれました。
　そこから宗教の垣根を超え、多くのファンが生まれたのです。
　現在、「即問即説」の講演会は公式 YouTube チャンネルが設けられており、96万人以上もの登録者を抱えています。

　本書は彼の著作の中でももっとも売れた本の１つで、累計30

万部を突破。

2019年1月には世界的なアイドルグループのBTS（防弾少年団）のメンバーであるJ-HOPEが、自身の作業室から配信したVLIVE映像に映りこんだことから、ファンの間で瞬く間に注目されるにいたりました。なかには「#BTS」のタグとともに、実際に本書を読んで共感した部分を抜粋し、SNSに投稿するファンも見られます。

また、2013年に発表された『人生の授業』（未邦訳）は大手ネット書店「YES24」のランキング1位に13週連続で輝くなど、出版する本すべてが即ベストセラー入りをする「お坊さんのスーパースター」です。

韓国の芸能界にも多くのファンをもち、YouTubeやブログに寄せられた感想を見ても、「自分は仏教徒ではないけれど、ポムリュンさんのことは尊敬しています」「世代を超えて役に立つと思います」など、幅広い読者を獲得していることがうかがえます。

じつは、この本の翻訳を手がけるずっと前、「内容がすごくいいから、読んでみて！」と本書を友人からプレゼントされたことがあります。だけどその友人は敬虔（けいけん）なクリスチャン……。いったいこの人気の秘密はどこにあるのでしょう。

本書で語られるように、ポムリュン氏の元に寄せられた悩み

の数々はどれも普遍的。身近な人たちとの関係、夢と現実のギャップ、やりたいことが見つからないこと、恋愛や結婚——私たちが人生で必ずぶつかる問題に、悩んでいる人の立場に立ち、仏教の視点を交えながらはっきりと答えが示されています。

　そしてなにより、人の話に耳を傾けること。それが相手を救う一番の力をもつことを彼は知っています。

　ポムリュン氏自身もしかり。お坊さんもみんなも悩む。悩みに大小はなく、悩みの前で人はみな、平等——そんな誠実なスタンスがうかがえます。

　本書でもっとも大切なポイントは、今日より明日、もっと幸せになるために、日々コツコツと同じことに取り組めば、どんな苦境におちいっても、自分自身で幸せを切りひらくことができるということ。

　それこそ、ポムリュン氏がもっとも訴えたかった力強いメッセージであり、多くの人が救われている秘密ではないでしょうか。

　明日はまたどんな日が待ち受けているのか？　——そんな不安な日々のなかで、変わらない希望があるのだと勇気づけられる1冊です。

　　　　　　　　　　　　　　　　　　　　朴　慶姫

법륜 스님의 행복

by 법륜 스님

Copyright © 2016 by Ven. Pomnyun sunim

Japanese translation rights arranged with
Namu's Mind Publishers through
Japan UNI Agency, Inc., Tokyo

Illustration：9Jedit
iStock

誰よりも先に
あなたが幸せになりなさい

2021年 3 月11日　第 1 刷発行
2022年 7 月21日　第 3 刷発行

著　者　　ポムリュン

訳　者　　朴　慶姫

発行者　　鉄尾周一

発行所　　株式会社マガジンハウス
　　　　　〒104-8003　東京都中央区銀座 3-13-10
　　　　　書籍編集部　☎ 03-3545-7030
　　　　　受注センター　☎ 049-275-1811

印刷・製本所　　三松堂株式会社

ブックデザイン　bookwall

©Kyeonghee Park, 2021 Printed in Japan
ISBN978-4-8387-3143-5 C0098

マガジンハウスのホームページ　https://magazineworld.jp/